지은이 강주원

가끔은 세계를 여행하고
보통은 일상을 여행합니다.
여행하는 삶을 글로 남깁니다.

"다음엔 더 적극적으로
아무것도 하지 않으며 머무를 수 있길.
느슨한 시간 속에서,
나라는 존재를 조금 더 깊이 느낄 수 있길."

PROLOGUE 6

KUTA

맨발로 해변을 달리다 20

올라가, 일어나 37

AMED

빈대와의 동침 60

느리지만 괜찮아 71

자연을 섬기는 곳 79

거북이를 찾아서 95

UBUD

숙소를 털리다 114

다시 찾은 우붓 135

잘 먹는다는 건 잘 산다는 것 144

최고의 바비굴링을 찾아서 153

CEGENG

하루만에 틀어진 계획 169

SANUR

다툼 204

삶 속으로 더 깊숙이 211

EPILOGUE

존재하는 것만으로도 230

PROLOGUE

 끊임없이 '하며' 살아왔다. 남들이 말하는 평범한 삶을 거부하며 살아오느라 더욱 그랬다. 나를 반대하는 사람들은 유별난 놈이라고 했고, 응원하는 사람들은 특별한 녀석이라고 했다. 둘 다 아니었다. 나는 그저 나만의 평범한 삶을 찾고 싶었을 뿐이었다. 남들에겐 평범한 직장 생활이 내겐 절대 평범하지 않았다. 회사에 있을 때의 나는 산소가 부족한 어항 속에 갇힌 한 마리 금붕어 같았다. 부족한 산소를 나눠 호흡하며 맡은 일을 묵묵히 해나가는 사람들이 나에겐 오히려 특별해 보였다. 나는 이곳에 어울리지 않는 사람임을 알았지만, 어쩔 수 없이 남아 있었다. 마음은 자꾸 바깥을 향하는데, 몸은 회사 책상 앞에 붙들려 있었다. 생각과 행동이 일치하지 않는 삶에 괴리감만 쌓여갔다. 미래에 대한 불안이 컸지만, 결국 선택할 수밖에 없었다. 나 자신을 속이며 어항 속 금붕어의 삶을 계속 살 것인가, 아니면 어항을 뛰쳐나와 불안한 미래를 정면으로 마주할 것인가.

퇴사 절차는 쉬웠지만, 퇴사 이후의 삶은 쉽지 않았다. 인생은 선택의 연속이라는 사실을 매일 체감했다. 끊임없이 무언가를 해야 했다. 그렇지 않으면 먹을 수 없었고, 잠들 수도 없었다. 공공기관의 계약직 직원이 됐고, 졸업한 대학교의 아르바이트생을 거쳐 동네 은행의 경비원이 됐다. 인간의 가장 기본적인 욕구를 충족하기 위해 돈을 벌어야 했고, 돈을 벌기 위해 끊임없이 선택해야 했다. 동시에 내 자아도 만족시켜야 했다. 내가 정말 원하는 게 뭔지 끊임없이 물었고, 마음이 시키는 길을 고집스럽게 따랐다. 아르바이트를 하면서도 또래 청년들의 고민을 듣는 모임을 열었고, 은행 경비 일을 하면서도 커다란 강당을 빌려 토크쇼를 기획했다. 평일엔 돈을 벌기 위해 일하고, 주말엔 돈은 되지 않지만, 마음을 즐겁게 만드는 행사를 준비하며 살았다.

매달 수십 명의 청년들이 모이는 토크쇼를 여는 나를 보며 사람들은 도대체 어떻게 하는 거냐고 물었다. 젊다고 말하기엔 애매한 나이에, 현실보다는 이상에 치우쳐 살아가는 나를 보며 도대체 어떻게 버티는 거냐고 물었다. 물론 버겁고, 때론 힘겨웠다. 그래도 수년간 그렇게 살아온 이유는 단 하나였다. 그럼에도 즐거웠기 때문이다. 새로운 사람을 만나고 특별한 행사를 기획해 누군가에게 영감을 주는 일이 즐거웠다. 매일 이어지는 이벤트가 즐거웠고, 이벤트를 멈추고 싶지 않아 끊임없이 '하는' 삶을 선택했다. 그렇지 않았다면, 나는 그저 퇴사하고 새로운 직장을 얻지 못한 아르바이트생, 근무 시간은 같으면서 월급은 절반밖에 받지 못하는 계약직 직원, 서른이 가까워지는 나이에 동네 은행에서 잡일을 도맡는 경비원일 뿐이었으니까.

 어쩌면 나는 구멍 난 현실을, 이상적인 삶을 향한 내 마음으로 메꾸려고 했는지도 모른다. 그래서 끊임없이 새로운 선택을 일삼으며 살아왔을지도 모른다. 이런 삶에 익숙해져서인지 무언가를 하지 않으면 괜히 불안했다. 새로운 일이 생기지 않으면 삶이 무료했고, 특별한 일을 만들지 않으면 때로는 삶이 무의미하게 느껴졌다. 끊임없이 '하는 것'에서 의미를 찾아온 나였기에 그런 감정을 느끼는 건 어쩌면 당연했다.

 이런 삶의 방식은 여행에도 고스란히 묻어났다. 여행지에 가서 한 지역에 오래 머무는 사람들이 이해되지 않았다. 멕시코 해변의 모래사장에서 하루 종일 책을 읽으며 태닝을 즐기는 사람들의 심리가 궁금했다. 비싼 돈을 내고 간 여행지에서 대부분의 시간을 리조트에만 머무는 사람들은 더더욱 이해할 수 없었다. 계획 없이 여행하면서 마주치는 뜻밖의 이벤트는 나에게 크나큰 즐거움이었다. 충동적으로 움직였고, 겁 없이 모험했다. 여행을 마치고 나면 다시는 여행하지 못할 사람처럼 열정적으로 여행했다.
 이번 발리 여행은 앞서 설명한 내 여행 방식과는 다소 어울리지 않았다. 캘리포니아의 해안도로를 달리다 마음에 드는 곳에 차를 세우고 트렁크에서 잠을 청하는 일도 없었고, 멕시코 푸에르토 바야르타의 거센 파도와 싸우며 헤엄치다가 모랫바닥에 고꾸라지는 일도 없었다. 발리의 폭포에서 수영하다 미끄러져 뒤통수가 깨질 뻔한 아찔한 사건도 없었다. 이번 여행을 떠올리면, 했던 일보다 먹었던 음식들이 먼저 떠오를 만큼 특별한 일이 거의 없었다.

이번 여행은 '발리를 여행했다'는 말보다 '그저 발리에 머물렀다'는 표현이 더 적합할지도 모르겠다. 정말 그랬다. 이번 여행에서는 내가 경험한 특별한 일보다 먹었던 음식, 머물렀던 숙소 주변의 풍경, 그리고 발리에서 만난 사람들이 더 깊이 남았다. 그런데 이상하게도 그런 기억들이 가슴 속에 따뜻하게 자리 잡았다. 현실이 차가워지거나 마음이 시릴 때, 언제든 꺼내 마음을 녹일 수 있을 만큼 따스한 온도를 유지한 채.

하지 않으면 게으르다고 욕하는 사회다. 자기 계발이 유행이고, 자기 규율이 칭찬받는 사회다. 이런 사회의 기류에 휩쓸려 나 또한 끊임없이 뭔가를 해야만 한다는 강박에 사로잡혀 있었는지도 모르겠다. 안 그래도 쉴 새 없이 '하는 삶'을 살아왔는데, 하지 않는 것을 비난하는 주변의 소음 때문에 더욱 열심히 달려왔는지도 모르겠다.

두 번째로 찾은 발리였다. 이번엔 조금 달리 여행했다. 그저 머물러 보기로 했다. 기존의 여행 습관이 남아 불쑥 사소한 모험을 하기도 했지만, 대부분은 평범한 일상과 같은 날들이 이어졌다.

특별한 일이 없어도 여행은 즐거울 수 있고, 애써 하지 않아도 충분히 괜찮은 삶이라는 사실을 곱씹게 해준 발리 여행. 그 어느 때보다 정적이었지만, 그 어느 여행보다 충만했던 37일간의 발리 여행. 지금부터 함께 떠나보자.

KUTA
맨발로 해변을 달리다

11월: PCT 퍼밋 발급 신청, B1/B2 비자 신청

12월~3월: 체력 단련 및 준비 기간

4월~9월: PCT 횡단

9월~11월: 미국 국립공원 여행

12월: 한국 귀국

미니 보드에 2025년 계획을 적었다. 2025년의 원래 목표는 PCT(Pacific Crest Trail) 횡단이었다. 미국과 멕시코의 국경에서 시작해 캐나다와의 국경까지 최소 5개월 이상 걸리는 긴 트레일을 걷고자 했다. 이를 위해 관련된 책을 읽었고, 내 나름대로 세부적인 계획도 세웠다. 인터넷 데이터가 전혀 터지지 않는 지역에서 사용하기 위한

위성 와이파이 기기까지 찾아보는 엉뚱한 행동도 했다. 그러나 준비하면 할수록 다시금 깨달은 한 가지 사실이 나를 망설이게 했다. 바로 선택에는 희생이 따른다는 사실이었다. A를 선택하면 B를 포기해야 한다는 사실, 선택의 크기에 따라 C, D, E, F까지도 희생해야 한다는 사실이었다. PCT 횡단은 B부터 Z까지 모두 희생해야 할지도 모르는, 그만큼 중대한 선택이었다.

만약 내 마음속에서 PCT에 대한 열망이 희생해야 할 모든 것보다 더 뜨겁게 불타고 있었다면, 나는 계획했던 대로 떠났을 것이다. 하지만 나의 마음은 그 정도로 간절하지 않았다. 지금의 상태로 PCT를 선택한다면, 결국 희생한 것들에 대한 미련과 후회만 남을 것 같았다. 그래서 PCT 횡단은 언젠가, 모든 걸 기꺼이 희생할 준비가 됐을 때 떠나기로 했다.

6개월 동안 대자연과 호흡하며 걷는 삶을 꿈꾸던 마음을 잠시 가라앉히고, 다시 생각했다. 내가 진정 원하는 건 무엇일까. 떠오른 단어는 '자연'이었다. 어쩌면 나는 도전보다는 그저 자연을 원했는지도 모른다. 복잡한 도시를 떠나 한적한 자연 속에 오래 머무르고 싶은 마음이 더 컸던 것 같다.

다시 다른 선택지를 탐색하기 시작했다. PCT의 일부 코스인 존 뮤어 트레일(JMT)이 떠올랐다. 원한다고 무조건 갈 수 있는 것이 아니라 추첨을 통해 한정된 인원에게만 허락되는 특별한 코스였다. 가고 싶었지만, 코로나로 인한 봉쇄 정책 때문에 가지 못했던 조지아도 생각났다. 특히 카즈베기산이 있는 스테판츠민다 지역은 꼭 한번 가보고 싶었다. 그러나 최종적으로 내가 선택한 곳은 존 뮤어 트레일도, 조지아도 아닌 발리였다.

발리는 처음이 아니었다. 이미 2년 전에 2주간 다녀온 곳이었다. 그런데도 이상하게 발리가 마음을 끌었다. 저렴한 항공권 가격도 결정의 큰 요인이긴 했지만, 그것만으로는 충분히 설명되지 않았다. 지난해보다 더 매서워진 서울의 겨울을 잠시나마 피하고 싶어서였을까. 아니면 물가 걱정 없이 마음껏 맛있는 음식을 먹으며 여유를 즐겼던 발리에서의 시간이 그리웠던 걸까. 왜 갑자기 발리가 이렇게 끌렸는지 나도 잘 몰랐다. 내 마음이 진짜 원하는 곳이 어디인지 헷갈렸다. 처음엔 많은 희생이 필요한 PCT였고, 다음은 광활한 자연이었으며, 마지막엔 뜬금없이 과거에 다녀왔던 발리라니.

 마음이 끌리는 발리를 잠시 밀어두고, 머리로 이해되는 선택지를 다시 검토했다. 그래도 처음의 계획과 조금이라도 비슷한 곳을 택해야 덜 후회하지 않을까 싶어서였다. 하지만 결국엔 다시 마음이 이끄는 발리를 선택했다. 경험상, 명확하게 이유를 설명할 수 있는 선택보다는 그냥 막연히 마음이 끌리는 대로 선택했을 때 오히려 후회가 적었다. 물론 그 결과는 모든 게 끝나야만 알 수 있지만 말이다.

 "발리 비행기 가격이 말도 안 되게 싼데? 경유 시간도 짧고 30만 원밖에 안 해."

 PCT를 걷겠다고 했다가 존 뮤어 트레일을 언급했다가, 조지아로 거의 마음을 굳힌 듯했다가 갑자기 발리를 이야기하는 나에게 짝꿍이 말했다.

 "나는 어디든 좋아."

보통 사람이었다면 "그럴 거면 너나 혼자 다녀와."라고 말할 법한 상황이었지만, 나만큼이나 계획 없이 충동적인 여행을 즐기는 짝꿍은 내 마음의 변덕에 그저 가만히 고개를 끄덕였다.

총 37일. 꾸따에서 시작해 아메드에서 10일, 우붓에서 10일, 시데멘에서 7일을 머물기로 했다. 남은 시간은 나중에 결정하기로 했다. 더 많은 지역을 다니기보다는 한 지역에 오래 머물면서 발리 사람들의 삶을 가까이서 관찰하고 싶었다. 사방팔방, 좌충우돌 돌아다니던 지금까지의 여행에 비하면 이번 여행은 우리에겐 굉장히 정적인 여행이었다.

37일이면 발리 전체를 샅샅이 훑고도 남을 긴 시간이었지만, 이동 지역을 최대한 줄였다. 이번에는 적극적으로 무언가를 '하기'보다는 적극적으로 '하지 않으며' 살아보기로 했다. 내 성격상 그걸 얼마나 잘 버틸 수 있을지 모르겠지만, 이번 발리 여행에선 그런 삶을 살아보기로 했다.

발리는 여전했다. 밤늦게 응우라라이 국제공항에 도착한 우리는 공항 밖으로 나와 택시를 불렀다. 서구권에서는 보통 우버를 사용하지만, 동남아시아에선 그랩(Grab)이 필수다. 이동 수단은 물론 음식 배달까지, 그랩 앱 하나면 모든 게 가능하다. 택시비가 얼마나 나올지 내릴 때까지 알 수 없는 이곳에서는, 시간이 조금 걸리더라도 그랩으로 택시를 부르는 편이 현명하다.

그랩으로 부른 택시가 생각보다 일찍 도착했고, 우린 바로 숙소로 향했다. 처음 4일을 머물 꾸따는 공항에서 도보로 30분이면 갈 수 있는 가까운 거리였다. 충분히 걸을 수도 있었지만, 장시간의 이동으로 지친 몸을 이끌고 무거운 캐리어를 끌며 울퉁불퉁한 보도블록을 걷고 싶지 않았다.

택시 창밖으로 보이는 거리의 풍경이 낯설지 않았다. 2년이란 시간이 흘렀지만, 모든 것이 여전히 그 자리를 지키고 있었다.

"여기, 전에 공항에서 숙소까지 걸었던 길이잖아."

방금 책상 위에 둔 휴대전화 위치도 기억 못 하는 내가,

2년 전에 단 한 번 걸었던 타지의 길을 정확히 기억하다니. 신기한 일이었다. 엉덩이가 들썩일 정도로 울퉁불퉁한 도로를 달려 숙소에 도착하니 자정이었다. 저렴하게 예약한 숙소였지만, 가격에 어울리지 않는 시설이었다. 예상보다 넓고 쾌적한 방을 둘러보며 감탄했다. 짐을 간단히 정리하고 면세점에서 파격적인 가격에 구매한 위스키를 잔에 따랐다.

'정말 다시 발리에 왔구나.'

침대 옆 작은 테이블에 앉아 위스키를 한 모금 마시자, 이곳이 서울이 아니라 발리라는 사실이 새삼스럽게 실감났다.

"와, 우리가 발리에 있다니. 그 녀석은 지금 뭘 하고 있을까?"

이전 발리 여행에서 우리에게 커다란 충격을 준 녀석은 빠질 수 없는 안줏거리였다.

"설마 지금 발리에 있는 거 아니야?"

시답잖은 농담을 하며 잔을 비우자 피곤함이 밀려왔다. 아침 일찍 서울을 떠나 중국 샤먼을 경유해 밤늦게 이곳에 왔으니, 피곤하지 않은 게 오히려 이상했다. 한 잔만 마시기엔 아쉬웠지만, 기다리고 기다리던 꾸따의 아침을 위해 일찍 잠자리에 들기로 했다.

2년 전 우리는 우붓, 누사 렘봉안, 꾸따, 이렇게 세 지역에 머물렀다. 다른 지역과 비교하면 꾸따는 그다지 인상적이지 않았다. 복잡한 교통, 넘쳐나는 관광객, 저렴하긴 하지만 발리의 다른 지역과 비교하면 비싸게 느껴지는 물가. 한적한 자연과 이국적인 분위기를 선호하는 우리에겐 특별히 매력을 느끼기 어려운 곳이었다. 그런데 이번 여행에서도 꾸따를 제외하지 않았다. 심지어 4일이나 머물기로 했다. 이유는 두 가지였다. 서핑, 그리고 해변 달리기.

지난 여행에서는 귀국 직전에 꾸따에 딱 하루 머물렀다. 사람들이 많이 찾는 데는 그럴 만한 이유가 있겠지, 하는 기대감과 공항에서 가깝다는 실용적인 이유에서였다. 그러나 작고 한적한 누사 렘봉안에서 여유로운 시간을 보내다 도착한 꾸따는 혼돈 그 자체였다. 발리답지 않은 서구식 스포츠 펍이 줄지어 있었고, 한낮부터 맥주에 취한 관광객들이 거리를 메웠다. 쉴 새 없이 울리는 오토바이 엔진음과 경적이 귀를 피곤하게 했고, 좁은 인도에서는 마주 오는 사람과 부딪히지 않기 위해 신경을 곤두세우며 걸어야만 했다. 괜히 왔나 싶었다. 다음 날 새벽, 해변에서 달리기 전까지는.

출국 날, 이상하게 해가 뜨기도 전에 눈이 떠졌다. 피곤한 몸을 다시 잠재우려 노력했지만, 정신이 또렷했다. 옆에서 곤히 잠든 짝꿍이 부러웠다. '눈 뜬 김에 그냥 달리고 오자.' 나는 조용히 침대에서 일어나 옷을 갈아입고 해변으로 향했다.

느긋하게 걸었는데도 10분 만에 해변에 도착했다. 동이 트기 시작한 하늘은 붉게 물들었고, 파도는 그 빛을 받아 신비로운 색을 머금은 채 겹겹이 밀려오고 있었다. 얕게 물이 고인 모래사장은 하늘을 거울처럼 담아내고 있었다. 그 풍경을 보는 순간, 그간 쌓인 피로가 한 번에 씻겨 나가는 기분이었다. '역시 나오길 잘했구나.' 자고 있을 짝꿍을 깨워 함께 오고 싶을 만큼, 새벽의 꾸따 해변은 환상적이었다.

　나는 해변 옆으로 길게 뻗은 산책로를 달리기 시작했다. 기분 좋게 뛰고 있었지만 뭔가 성에 차지 않았다. 산책로보다는 모래 위를 뛰고 싶었다. 꾸따 해변의 모래사장은 밟으면 발이 푹푹 빠지는 일반적인 모래사장과 달리 단단하게 다져져 있었다. 예전에 미국 서부를 여행할 때 태평양 해변에서 봤던, 차로 달려도 될 만큼 단단했던 그 모래사장과 비슷했다. 달리기를 즐기기 시작한 뒤로 나는 종종 그때를 떠올리며 아쉬워했다. '왜 그 아름다운 해변에서 달리지 않았을까?' 이번엔 그 기회를 놓칠 수 없었다. 지금이 딱 그 순간이었다.

　잠깐의 조깅으로 몸이 충분히 풀리자 나는 곧바로 해변으로 뛰어들었다. 바다에 가까워질수록 지면은 더 단단해졌다. 아스팔트보다 부드럽고, 운동장보다 탄력 있는 완벽한 주로였다. 마침내 수평선 너머로 해가 떠올랐다. 붉은빛을 뿜으며 떠오르는 태양을 바라보며 끝없이 펼쳐진 해변을 따라 힘껏 달렸다. 하지만 여전히 뭔가 아쉬웠다. 문제는 신발이었다. 여행 내내 신고 다니던 러닝용 샌들이 갑자기 거추장스럽게 느껴졌다. 나는 샌들을 벗어 손에 들고 맨발로 모래사장을 달리기 시작했다.

러닝 샌들도 생소한데 맨발로 달린다니. 달리기에 익숙하지 않은 사람이라면 기겁할 일이고, 러너라면 다치지 않을까 걱정할 만한 이야기다. 하지만 나는 맨발 달리기를 즐기는 편이었다. 물론 아스팔트 위에선 어렵지만, 자연이 만들어 낸 적당한 쿠션감이 있는 잔디나 단단한 모래사장에서는 오히려 맨발 달리기가 더 좋았다. 러닝화의 구름 같은 쿠션감도 좋지만, 맨발로 온전히 지면을 느끼는 것과는 비교할 수 없었다.

'자유'. 맨발로 해변을 달리는 기분을 한 단어로 표현한다면 바로 '자유'였다. 아무런 도구의 도움 없이 오직 내 두 발로 자연 속을 뛰고 있을 때, 나는 한없이 자유로웠다. 살다 보면 때때로 무언가를 벗어버리는 것만으로도 홀가분해지는 순간이 있는데, 내게 달리기는 바로 그런 순간이었다. 새벽의 차갑고 상쾌한 공기를 가슴 깊이 마시며 맨발로 달릴 때, 나는 자유 그 자체였다.

젖은 모래는 부드럽고 촉촉했으며, 발바닥으로 지면을

찰 때마다 나를 앞으로 밀어주는 느낌이었다. 기분이 좋아진 나는 바다로 들어갔다 나오기를 반복하기도 했고, 파도의 움직임을 따라 자유롭게 뛰어보기도 했다. 심지어는 잠시 눈을 감고 달려 보기도 했다. 마음이 이끄는 대로, 발길이 닿는 대로 달렸다. 한 시간 넘게 자유를 만끽한 후 생각했다.

'다음에 발리에 다시 온다면 반드시 꾸따를 찾을 거야.'

불과 한 시간 전만 해도 꾸따에 온 걸 살짝 후회했던 나는 어느새 다음을 기약하고 있었다.

이번에는 처음부터 맨발이었다. 신고 있던 샌들은 짝꿍에게 맡겨둔 채 해변으로 향했다. 2년 전에 느꼈던, 그 촉감 그대로였다. 조금 늑장을 부리는 바람에 뜨거운 해가 중천에 떠 있었지만, 개의치 않았다. 신나게 뛰었다.

오랜만에 만난 광활한 해변을 감상하며, 이른 아침부터 서프보드 위에서 파도와 씨름하는 서퍼들을 바라보며, 그리고 그 모습을 구경하는 수많은 관광객을 지나치며 달렸다. 일부러 손목에 있는 스마트워치는 쳐다보지도 않았다.

 자유였다. 광활한 해변에서는 내가 얼마나 빨리 달리는지 감을 잡을 수 없어 속도에서 해방될 수 있었고, 꾸따 해변에서부터 스미냑 해변까지 이어지는 기나긴 해변을 따라 달리고 있으니 얼마나 달렸는지 가늠하기 힘들어 거리에서 해방될 수 있었다. 얕게 깔린 바닷물이 발을 어루만졌다. 온전히 그 촉감에 집중하며 달리다 보니, 마치 내가 자연과 하나가 된 느낌이었다.

 '그래, 이거였지. 바로 이 느낌이었어.'

 한 번의 달리기로 2년의 공백이 모두 채워진 기분이었다. 얼마나 달렸을까. 한참이 지나 시계를 보니 이미 30분이 지나 있었다. 반환점을 돌아 나를 기다리고 있을 짝꿍이 있는 방향으로 달렸다. 그렇게 20분을 더 달렸다.

 '이제 곧 도착하겠다.'

 그렇게 10분을 더 달렸다.

 '아니, 지금쯤이면 나타나야 하는데….'

 해변을 따라 쭉 직선으로 30분을 달렸으니, 돌아오는 데에도 페이스에 큰 변화가 없다면 30분 정도 걸리겠지,

생각했다. 그런데 달린 지 한 시간이 지났는데도 짝꿍과 헤어진 지점이 눈에 띄지 않았다.

'여기야, 여기 높은 깃발 두 개만 기억하면 돼.'

짝꿍은 뜨거운 해를 피해, 높은 깃발 두 개가 꽂혀 있는 곳 근처의 그늘에 앉아 있겠다고 했다. 낭패였다. 해변에는 셀 수 없이 많은 형형색색의 깃발이 펄럭이고 있었다.

'빨간색이었던 것 같은데, 아니야, 노란색이 섞여 있었나….'

달리기에 취해 잊어버린 건지, 아니면 수많은 깃발에 압도당한 두뇌가 오작동한 건지, 분명히 기억하고 있던 깃발의 색이 도무지 떠오르지 않았다. 한참을 더 달리던 나는, 본능적으로 너무 많이 왔다는 걸 직감했다. 결국 방향을 틀어 내가 달려왔던 길로 되돌아가기 시작했다. 마치 미아가 된 기분이었다. 해변을 달리던 나는 다시 인도 위로 올라갔다. 짝꿍과 헤어졌던 지점을 정확히 기억하진 못했지만, 익숙한 풍경이 보일 거라는 희망으로 인도 위를 맨발로 천천히 뛰었다.

앞으로 한참을 가다, 다시 뒤로 한참을 뛰고, 또다시 방향을 틀어 돌아오기를 반복했다. 영락없이 엄마를 잃어버린 꼬마 같았다. 그런 내 모습이 안쓰러웠는지 한 현지인이 다가와 무슨 일이냐고 물었다. 바보같이 '혹시 피부 하얀 동양인 여자 보지 못했나요?'라고 물을 뻔했지만, 용케도 내가 머무는 숙소의 위치를 말하면 대략적인 위치를 알 수 있겠다는 생각을 해냈다.

내 설명을 들은 그는 친절하게도 자신의 휴대전화를 꺼내 지도를 열고 현재 위치와 숙소 방향을 알려줬다. 다행히도 내가 서 있는 지점은 숙소로 향하는 입구와 그리 멀지 않았다. 감사 인사를 건네고 나는 다시 오른편을 샅샅이 살피며 걸었다.

그렇게 5분쯤 지났을까. 저 멀리 파라솔 아래 앉아 있는 짝꿍의 모습이 보였다. 얼마나 기다렸을까. 미안한 마음과 다시 만나 반가운 마음이 뒤섞여, 흥분한 목소리로 말했다.

"와, 진짜 미치는 줄 알았어."

족히 20분은 넘게 광활한 해변을 미친 듯이 뛰어다녔던 나와 달리, 짝꿍은 한없이 평화로워 보였다. 파라솔 아래에서 시원한 바람을 맞으며, 시원한 코코넛을 마시고 있었다. 홀로 해변을 바라보던 짝꿍에게 서핑 강사가 건넨 코코넛이었다고 했다. 나이를 가늠하기 힘든 강사는 자꾸 한국말로 '누나'를 외치며, 남자 친구는 어디 갔냐고, 서핑은 안 배우냐고 너스레를 떨더니, 어느새 코코넛을 건넸다는 것이다.

짝꿍은 이걸 그냥 마시라고 준 건지, 나중에 돈을 내야 하는 건지 알 수 없다고 했지만, 어찌 됐든 다행이었다. 더운 날씨에 홀로 기다리며 짜증이 날 법도 한데, 밝게 웃는 짝꿍의 얼굴을 보니 마음이 놓였다. 힘들고 지친 건 나뿐이었다.

나는 길 잃은 미아가 된 사연을 하소연하듯 털어놓으며, 짝꿍이 마시던 코코넛에 꽂힌 빨대를 힘차게 빨아들였다. '아, 이거지, 이 맛이었지.' 2년 전에도 우리는 매일 코코넛을 마셨다. 여행 중 땀을 많이 흘려 수분이 부족해질 때마다, 전해질 보충이 필요하다며 찾았던 천연 전해질 음료였다.

한 시간 넘게 땡볕 아래에서 달리고 헤매며 흘린 땀 덕분인지, 코코넛의 맛은 더없이 기가 막혔다. 파라솔 아래서 바다를 바라보며 시원하게 불어오는 바람을 만끽하자, 요동쳤던 마음도 다시 차분히 가라앉았다.

"40,000 루피아."

숙소로 돌아가려던 찰나, 한 아주머니가 나를 잡아 세우며 말했다. 역시나, 관광객이 많은 꾸따에서 대가 없는 선물은 드문 법이다. 나는 웃으며 지갑을 꺼내 돈을 건넨 뒤 말했다.

"뜨리마까시(감사합니다)."

공짜가 아니면 어떤가. 코코넛 덕분에 짝꿍도 나를 너그럽게 기다릴 수 있었고, 나 역시 길을 헤매느라 지친 몸과 마음을 코코넛 한 잔으로 회복할 수 있었으니. 겉으론 한없이 평화로웠지만, 나 홀로 분주했던 발리에서의 첫날이었다.

KUTA
올라가, 일어나

대중교통을 이용하기 쉽지 않은 발리 여행에서 스쿠터는 필수다. 이동할 때마다 그랩을 이용할 수도 있지만, 직접 운전만 할 수 있다면 스쿠터를 빌리는 게 좋다. 스쿠터 한 대만으로도 여행의 폭은 넓어지고, 질은 높아진다.

하지만 꾸따에서는 스쿠터를 빌리지 않고 걸어 다녔다. 길지 않은 시간에 굳이 모험하기보다는 숙소 근처의 식당과 카페에서 여유로운 시간을 보내기로 했다.

원하는 음식을 선택하면 접시에 담아 주는 식당을 파당(Padang)이라고 하는데, 숙소에서 5분 거리에 '와룽 인도네시아'라는 괜찮은 파당 식당이 있었다. 우리는 대부분의 식사를 이곳에서 해결했다.

아몬드 우유를 직접 만들어 아몬드 라떼를 내놓는

'BGS 카페'는 숙소에서 10분 거리에 있었고, 맨발로 달릴 수 있는 길고 넓은 해변도 숙소에서 5분 거리에 있었다. 해변 앞에는 서울에서나 볼 법한 거대한 쇼핑몰도 있었다. 두 다리를 부지런히 움직이면, 숙소 근처에서 거의 모든 걸 해결할 수 있었다.

꾸따에서 머문 나흘 동안은 숙소 근처 식당에서 먹고, 카페에서 마시고, 해변을 달리며 보냈다. 꾸따는 본격적인 발리 여행을 시작하기 전, "이번 여행도 잘 부탁해." 하고 발리에 건네는 오랜만의 인사 같은 곳이었다.

전에 방문했던 장소 중 인상 깊었던 곳을 다시 찾아보는 것 외엔, 별다른 계획 없이 지냈다. 아, 그래도 전에 하지 않았던 일을 하나 새롭게 하긴 했다. 바로 서핑이었다.

2년 전, 누사 렘봉안에서 딱 한 번 서핑을 해본 경험 외에는 서핑을 제대로 해본 적이 없었다. 그때도 스무 번쯤 시도한 끝에야, 마지막 세 번 정도 얕은 파도 위에 잠깐 서 있는 데 성공했던 게 전부였다. 대략 3초쯤 넘어지지 않고 파도를 탄 게 내 기준의 성공이었지만 말이다.

꾸따는 서핑으로 유명한 지역이다. 누사 렘봉안처럼 배

를 타고 바다 한가운데로 나가지 않아도 되고, 모래사장에서 조금만 걸어나가면 서핑하기 좋은 파도가 몰아치는 곳이라 초보자들이 강습을 받기에 제격이다. 언제 다시 꾸따에 올지도 모르는 일이니, 하루쯤은 서핑을 해 보는 것도 나쁘지 않겠다고 생각했다.

그래도 초면보다는 구면이 낫다는 생각에, 전에 짝꿍에게 코코넛을 줬던, 아니, 팔았던 강사가 있는 곳을 찾아갔다. 'Mom & Daddy School'이라는 귀여운 이름의 서핑 학원이었다. 아쉽게도 그때 만났던 강사는 다른 학생을 가르치고 있어 자리에 없었다. 강습을 받을까 잠시 고민하다가, 일단은 보드만 빌려 혼자 타 보기로 했다. 강사들은 강습을 권했지만, 먼저 타 보고 정 안 되겠다 싶으면 저녁에 와서 강습을 받겠다고 말했다.

오래전 경험이긴 하지만, 보드 위에 한두 번은 서 본 적도 있었기에 몸이 어느 정도 기억하고 있을 거라고 기대했다. 지금 생각하면 아주 오만한 생각이었다.

기대 반, 걱정 반으로 보드를 옆구리에 끼고 위풍당당하게 바다로 들어갔지만, 곧바로 후회했다. 어떤 파도를 타야 할지 도무지 감이 잡히지 않았고, 주변 서퍼들을 따라 타이밍을 맞춰보려 했지만 1초도 채 버티지 못하고 바다에 빠지기 일쑤였다.

누사 렘봉안에서는 수심이 깊어 빠져도 타격이 없었지만, 꾸따는 달랐다. 파도에 넘어질 때마다 발이 모래에 닿아 종아리에 충격이 쌓였고, 엉덩방아를 찧어 골반도 아팠다. 서프보드에서 떨어질 땐 앞이 아니라 뒤로 넘어져야 안전하다는 사실도 잊은 채, 매번 충격을 고스란히 받아야 했다. 한참을 고생한 끝에 뭍으로 나와 짝꿍에게 시간을 물었다.

"이제 20분밖에 안 지났어."

한 시간은 족히 지났다고 생각했는데 고작 20분이라니. 서프보드를 빌릴 때 "두 시간이요!" 하고 당당하게 말했던 내가 민망해지는 순간이었다. 두 시간은 너무 길 거라며 일단 한 시간만 타 보라고 권했던 직원이 문득 고마워졌다.

숨을 고르며 다른 서퍼들을 구경했다. 언제 일어서는지, 일어설 때의 자세는 어떤지 꼼꼼히 관찰했다. 남들이 하는 걸 보니 별로 어려워 보이지 않았다. 예전에도 처음에는 감을 못 잡아 자꾸 넘어졌지만, 후반부에는 익숙해져 곧잘 파도를 탔다. 이번엔 꼭 해내리라 다짐하며 다시 바다로 뛰어들었다.

하지만 결과는 똑같았다. 단 1초도 버티지 못한 채 바다에 빠지기를 반복했고, 착지를 잘못해 온몸에 충격이 쌓여 갔다. 우기라 그런지 바닷가로 떠밀려온 바다 쓰레기 탓에 수질도 좋지 않았는데, 그런 바닷물을 몇 번이고 시원하게 들이켰다. 그래도 포기하고 싶지는 않았다. 될 때까지 해볼 심산이었다.

천천히 일어날 것.
시선을 아래가 아니라 정면에 둘 것.

누사 렘봉안의 서핑 강사가 내게 해줬던 조언은 두 가지뿐이었다. 얼굴도 잘 기억나지 않는 오래전 그 강사의 말을 되새기며 파도를 기다렸다. 슬쩍 뒤를 보니, 제법 큰 파도가 다가오고 있었다. 성급히 일어서지 않고, 파도가 보드를 밀 때까지 기다렸다.

'천천히, 천천히 일어나자.'

몸이 붕 뜨는 느낌이 들 때 오른쪽 다리를 90도로 굽혀 보드에 딛고, 천천히 일어섰다.

"어... 어...?"

그리고 보란 듯이 보드에서 떨어졌다. 중심을 잡으려 애쓰다 왼쪽 다리로 착지하는 바람에 종아리에 강한 근육 경련이 일었다. 바다 한가운데였다면 정말 위험할 수도 있었지만, 다행히도 내가 서핑을 타던 곳은 모래사장에서 가까운 곳이었다. 나는 근육 경련으로 단단해진 다리를 부여잡고 힘겹게 뭍으로 나왔다. 아찔한 순간이었다.

나는 겁 없는 철부지 아이였고, 파도는 그런 아이를 혼내는 호랑이 같은 선생이었다. 걱정스러운 얼굴로 나를 바라보는 짝꿍에게 말했다.

"안 되겠다. 강습받아야겠어."

정말이지, 비참한 패배였다.

그날 저녁, 우리는 다시 해변으로 향했다. 오전에 이미 체력을 다 써버렸는데도 저녁에 다시 서핑을 타러 나가는 나 자신이 신기했다. 달리기로 다져진 체력 덕분이었다. 이번에는 짝꿍도 함께 강습을 받기로 했다.

"서핑?"

꾸따 해변에 발을 들이자마자 서핑 강사들이 호객 행위를 시작했다. 거의 30초 간격으로 강사들이 다가왔다. 정말 치열한 경쟁이었다. 우리는 연신 미안하다고 말하며, 오전에 보드를 빌렸던 곳으로 향했다.

그런데 아쉽게도, 짝꿍을 자꾸 '누나'라고 부르던 그 긴 장발의 강사는 여전히 자리에 없었다. 바다에서 다른 사람을 강습 중인 듯했다. 그가 어디 있는지 찾으려 시선을 바다로 돌린 나는, 심상치 않은 파도에 깜짝 놀랐다.

"이거 서핑이 가능하기나 한 거야?"

높은 파도 때문인지 바다 위에는 서핑을 타는 사람이 거의 없었다. 겁 없이 뛰어들었던 오전의 파도와는 전혀 다른 수준이었다. 파도의 기세에 압도당한 우리는, 일단 강습은 보류하고 해변 가까이 가보기로 했다. 가까이서 본 파도는 더 거칠었다. 나 같은 초보 서퍼, 아니, 서퍼라 부르기조차 민망한 사람에게는 감히 도전할 수 없는 고난도의 파도였다.

"헬로, 서핑?"

바다를 바라보며 한참을 망설이고 있는 우리에게 두 명의 강사가 다가왔다. 장발의 곱슬머리에 배가 통통하게 나온 아저씨였다. 그는 우리의 얼굴을 살피더니 말했다.

"안녕하세요."

한국인 관광객이 워낙 많은 지역이라, 현지인이 한국어를 하는 건 그리 놀라운 일도 아니었다. 그는 우리에게 이름을 물은 뒤, 자신의 이름을 소개했다.

"저는 김어준이에요."

발음이 정확하지 않아 처음엔 내가 잘못 들은 줄 알았다. 하지만 그의 머리 모양과 체형을 보니 정말 닮은 구석이 있었다. 한국인들이 서핑을 배우며 붙여준 별명이라고 했다.

강습비는 2만 원. 어딜 가나 비슷한 수준의 가격이었다. 그런데 문제는 가격이 아니었다. 잡아먹을 듯 몰아치는 성난 파도가 문제였다.

"파도가 너무 센데, 서핑 가능해요?"

내가 묻자, 그는 망설임 없이 대답했다.

"물론이죠."

우린 홀린 듯 그를 따라갔다. 그는 우리에게 간단한 강의를 해줬다. 짧은 강의였지만, 오전에 왜 내가 보드 위에 서지 못했는지를 깨닫게 해준 귀한 시간이었다. 서프보드에 엎드려 있을 때는 발끝이 보드의 끝에 위치해야 하는데, 나는 그렇게 하지 않았다. 일어설 때는 편한 다리, 보통은 오른쪽 다리를 앞으로 끌어와 보드 중앙에 놓고, 천천히 일어나 무릎을 최대한 구부려 중심을 잡아야 했지만, 오전의 나는 그러지 않았다. 무릎을 펴고 벌떡 일어나 넘어지기를 여러 차례 반복했다. 중심을 잡지 못해 바다로 빠질 때는 앞이 아니라 옆으로, 배가 아니라 등 쪽으로 떨어져야 안전한데, 나는 앞으로 고꾸라지기 일쑤였다. 다리가 부러지지 않고 근육 경련으로 그친 것만 해도 다행이었다.

보드를 들고 바다에 들어갈 때는 가로가 아닌 세로 방향으로 들고 가야 한다는 점, 그렇지 않으면 무거운 보드가 파도에 휩쓸려 얼굴을 강타할 수 있다는 점도 조심해야 했다. 이 정도가 강의의 전부였다. 이론은 어렵지 않았다. 어려운 건, 몸의 감각을 일깨우는 일이었다.

 우리는 모래 위에서 몇 번 시뮬레이션을 해 본 뒤, 자신을 '블랙'이라고 소개한 또 다른 강사와 함께 바다로 향했다. 바닷물을 가르며 걸어가는 동안, 그는 나에게 한국어 두 문장을 배웠다. "올라가." 그리고 "일어나."

 저 거친 파도에 맞서는 데 이 두 문장이면 충분한 걸까. 파도가 너무 거센 탓에 서핑을 할 만한 지점까지 걸어가는 것조차 쉽지 않았다. 아직 제대로 서핑을 시작하지도 않았는데 벌써 지치는 것만 같았다. 바닷물이 가슴까지 차올랐을 때, 블랙이 말했다.

 "올라가."

 나는 그의 말을 듣고 점프한 뒤, 보드 위에 배를 깔고 엎드렸다. 블랙은 보드 뒤를 잡은 채 잠시만 기다리라고 했다. 앞에서는 거센 파도가 몰아쳤지만, 그는 여전히 일어나라는 신호를 주지 않았다. 보드가 거의 수직으로 꺾일 만큼 높은 파도가 닥쳐와도, 그는 보드를 단단히 잡은 채

침착하게 버텼다.

 내 눈엔 다 같은 파도로 보였지만, 그는 서핑하기에 좋은 파도를 기다리고 있는 듯했다. 몇 차례 거친 파도를 정면으로 맞은 끝에, 블랙은 드디어 내 보드를 180도로 돌려세웠다. 나는 심호흡을 하며 긴장을 풀고, 그의 신호를 기다렸다. 슬쩍 고개를 돌려 뒤를 보니, 꽤 괜찮아 보이는 파도가 밀려오고 있었다. 다시 정면을 바라보고 마음을 가다듬는 사이, 보드가 일렁였다.
"일어나아아—!"
 '나'를 과하게 길게 외치는 블랙의 우스꽝스러운 한국어가 들려왔다. 나는 그 소리를 듣고 천천히 몸을 일으켜 세웠다. 그리고 정면을 응시한 채, 무릎을 최대한 굽혔다.
 1초, 2초, 3초, 그리고 풍덩. 길지는 않았지만, 분명히 나는 보드 위에 서 있었다. 2년 전, 하루만 더 배우면 잘할 수 있겠다는 확신이 들었지만, 아쉽게도 강습이 끝나 멈춰야 했던 그때의 감각이 되살아나는 듯했다. 그 순간의 감각을 놓치지 않기 위해 한 문장을 계속 되뇌었다. '천천히, 무게 중심을 낮추고, 정면 응시.' 거센 파도에 맞서기 위해 내게 필요한 전부였다.

우리는 거센 파도와 맞서며 한 시간 동안 서핑했다. 지나치게 높은 파도에 겁을 먹고 그만둘 뻔했던 짝꿍도 다시 바다로 돌아와 파도에 맞섰다. 내가 한 번 성공하면 짝꿍이 한 번 실패하고, 짝꿍이 한 번 성공하면 내가 한 번 실패했다. 여러 차례 파도에 도전했지만, 여전히 쉽지 않았다.

하지만 오전에 비하면 실력은 확실히 나아지고 있었다. 좋은 파도를 만났을 때는 꽤 긴 시간 동안 중심을 잡고, 파도와 함께 부드럽게 나아가기도 했다. 정말 쉽지 않은 일이었는데, 조금씩 나아지는 내 모습을 보며 성취감과 함께 약간의 자신감이 생겼다.

'이래서 서핑하는 건가.' 그런 생각이 들 즈음, 강습 시간이 끝나 뭍으로 나와야 했다. 이번에는 전혀 아쉽지 않았다. 더 타라고 해도 체력이 받쳐주지 않아 주저앉고 말았을 것이다.

보드를 반납하고 의자에 앉아 쉬고 있는 짝꿍을 바라봤다. 파도를 너무 많이 맞아서인지 눈이 빨갛게 충혈돼 있었다. 그런 모습을 보고 있는 내 코에서는 바닷물을 너무 많이 마신 탓인지 콧물이 흘러내리고 있었다. 여전히 파도가 넘실거리는, 한 시간 전보다 더 성이 나 있는 바다엔 서퍼가 한 명도 없었다. 가까이서 볼 때도 만만치 않았지만, 멀리서 보니 우리가 저 파도를 탔다는 게 믿기지 않았다.

"무조건 서핑은 아침에 해야 해. 저녁엔 파도가 높아서 초보들은 다 아침에 배우거든."

서핑이 정말 쉽지 않다고 말하자, 한국에 있는 친구가 들려준 말이었다. 괜히 저녁 시간에 서핑을 타는 사람이 없는 게 아니었다. 너무 힘들다고 하소연하던 나에게, 어깨를 풀며 자신도 쉽지 않다고 말하던 블랙의 모습이 떠올랐다. 어쩌면 우리는 실력에 비해 너무 거센 파도에 맞서고 있었던 건지도 모르겠다.

다음 날 아침, 온몸을 두들겨 맞은 듯한 느낌에 곡소리를 내며 잠에서 깼다. 보드가 거의 수직으로 꺾일 때마다 두 팔과 어깨로 버텼던 탓이었다. 아메드로 떠나기 전, 서핑을 한 번 더 탈지 고민하던 내게 파도는 여지를 남겨주지 않았다. 타고 싶어도 탈 수 없는 만신창이 상태였다. 하지만 아쉬워할 필요는 없었다. 우리에겐 아직 33일이 남아 있었고, 마지막 일주일은 지역도 정하지 않고 공백으로 남겨뒀다. 그때까지도 서핑이 아쉬우면 다시 이곳 꾸따로 와서 타면 될 일이었다.

도로에서 들려오는 온갖 소음으로 귀가 어지러운 곳. 현지인 만큼이나 관광객이 많고, 관광객을 잡으려는 현지인들의 호객 행위에 정신없는 곳. 아무리 들여다봐도 내가 좋아할 만한 구석은 그다지 많지 않지만, 해변에서의 맨발 달리기와 서핑, 이 두 가지 덕분에 꾸따에서도 즐거운 추억을 만들 수 있었다.

그래도 역시, 꾸따는 내가 그리는 발리의 이미지와 가장 동떨어진 곳이었다. 만약 발리의 모든 지역이 꾸따 같았다면, 아마 발리에 다시 오고 싶단 생각은 하지 않았을 것이다. 꾸따는 4일이면 충분했다. 아니, 솔직히 말하면 4일도 조금 길게 느껴졌다. 하루가 더 주어졌다면 우리는 어디에도 나가지 않고, 태풍의 눈처럼 평온했던 숙소에 머무르거나, 어쩌면 약속을 어기고 스쿠터를 빌려 다른 지역으로 떠났을지도 모른다.

다행히 다음 목적지는 아메드였다. 이번 여행을 계획하기 전까진 들어본 적조차 없던 지역이었다. 공항과 너무 멀어 관광객의 발길이 잘 닿지는 않지만, 발리를 자주 찾는 이들이라면 한 번쯤은 거쳐 가는 곳. 스노클링의 천국이라는 별명이 붙어 있어 전·세계의 스쿠버들이 모이는 곳. 너무 멀어 고민되지만, 막상 도착하고 나면 나도 모르게 일정을 바꿔 가면서까지 더 머무르게 되는 곳.

내가 찾아본 정보로는 아메드를 그렇게 요약할 수 있었다. 우리는 그곳에서 열흘을 살아보기로 했다. 복잡한 도시보다 한적한 자연을 좋아하고, 수영 실력이 뛰어나진 않지만, 바다 수영을 사랑하는 마음만큼은 누구에게도 뒤지지 않는 우리였다. 아메드를 기대하며, 공항 면세점에서 급하게 스노클링 장비까지 사 온 우리였다. 아메드에서의 10일은 틀림없이, 이번 여행의 하이라이트가 될 거라고 기대했다.

꾸따를 떠나던 날 아침, 그동안 오지 않던 비가 줄기차

게 쏟아졌다. 발리의 우기는 보통 스콜성 폭우라 잠시 쏟아지다 멈추기를 반복한다고 했지만, 구멍이라도 뚫린 듯한 하늘에서 쏟아지는 빗줄기는 멈출 기미가 보이지 않았다. 비를 맞으며 무거운 짐을 택시에 실으며 다시금 되새겼다.

우리가 있는 곳은 우기의 발리라는 것을. 여행은 삶과 같아서, 결코 계획대로 흘러가지 않는다는 것을.

AMED
빈대와의 동침

 택시를 타고 아메드까지 가는 건 결코 쉬운 일이 아니었다. 꾸따에서 아메드까지는 꼬박 세 시간. 좁은 좌석에 앉아 있는 내내 허리는 비명을 질렀고, 제대로 작동하지 않는 에어컨 탓에 등은 땀으로 흠뻑 젖었다. 곧 멈출 줄 알았던 비는 끝내 멈추지 않았다. 다행히 어젯밤 마신 위스키 때문인지, 아니면 서핑의 여파 덕분인지 차 안에서 깊은 잠에 빠질 수 있었다.
 얼마나 지났을까. 고르지 않은 도로를 달리는 탓에 엉덩이가 들썩일 정도로 차가 덜컹거렸고, 그 충격에 잠에서 깼다. 창밖으로는 낯선 풍경이 펼쳐졌다. 여전히 비는 내리고 있었지만, 도로는 한적했고 인도에는 사람 그림자 하나 보이지 않았다. 택시 기사 옆의 내비게이션을 힐끗

보니 숙소까지 남은 시간은 10분. 우리는 어느새 아메드에 도착해 있었다. 한적한 곳을 기대하긴 했지만, 이 정도일 줄은 몰랐다.

택시에서 내려 비를 맞으며 짐을 내리고 있는데, 한 아주머니가 우산을 들고 다가왔다. 숙소의 사장님이었다. 그녀를 따라 좁은 골목을 따라가자 숙소가 나타났고, 그 앞에는 거센 비바람에 일렁이는 바다가 우릴 맞이하고 있었다. '스노클링의 천국'이라는 수식어에 어울리는 에메랄드빛 바다를 상상했던 나는 약간 당황했다. 모래는 어두운 회색이었고, 비안개 때문인지 바다는 왠지 모르게 음산했다.

숙소는 2층이었다. 넓은 바다를 내려다볼 수 있는 테라스를 갖춘 숙소였다. 기대감을 안고 숙소로 올라갔다. 문을 열고 밝게 웃으며 숙소를 소개하는 사장님과는 달리, 방의 분위기는 다소 칙칙했다. 고된 일정을 마치고 돌아와 안락하게 쉴 수 있었던 꾸따의 숙소와는 확연히 다른 느낌이었다. 바다와 가까워서인지 수도꼭지와 샤워기는 약간 녹슬어 있었고, 나무로 된 옷장에서는 습기 찬 나무

특유의 찐득한 냄새가 났다.

그래도 전반적으로 나쁜 숙소는 아니었다. 둘이 머물기엔 아주 넓었고, 아침을 먹으며 해변을 감상할 수 있는 테라스도 있었으며, 아메드의 고요한 분위기 속에서 원고를 쓸 수 있는 책상도 놓여 있었다. 발코니에서 고개를 왼쪽으로 돌리면 발리의 성지라 불리는 아궁산의 모습도 볼 수 있었는데, 지금은 두꺼운 구름에 가려 보이지 않았다. 무엇보다 숙박비는 하루 2만 원. 이 정도면 불평할 수 없는 가격이었다.

그런데도 왠지 모르게 칙칙한, 아니, 더 정확히 말하면 축축한 기운이 감도는 숙소였다. 아메드에 도착한 지 한참이 지났지만, 비는 여전히 그치지 않았고, 마을 전체는 온종일 음산한 분위기에 잠겨 있었다. 도착하자마자 스노클링 장비를 착용하고 바다로 뛰어들겠다는 내 계획은 자연스럽게 무산됐다. 대신 근처의 적당한 식당에서 저녁을 먹고, 꾸따에서 절반쯤 비운 위스키를 조금 더 마시며 아쉬운 하루를 마무리해야 했다.

"어제 모기 엄청나게 뜯겼나 봐."

아침에 일어나 가려운 곳을 벅벅 긁다가 거울을 봤다. 모기 물린 자국이 있었다. 한두 방이 아니었다. 수상할 만큼 균일한 자국이 일렬로 나 있었다. 물린 자국을 이으면 마치 별자리 같기도 했다. 아메드의 모기는 지능이 있을지도 모른다며 농담을 주고받았지만, 보통 모기가 아니었다. 가려움은 시간이 지날수록 더 심해졌다.

이상한 건, 일반적으로 시간이 지나면 부피가 줄어드는 모기 자국과 달리, 내 자국은 점점 더 선명해지고 있다는 것이었다. 뭔가 심상치 않은 일이 내 몸에 벌어지고 있었다. 나는 짝꿍에게 사진을 찍어 달라고 부탁했고, 받은 사진을 구글의 이미지 검색 기능으로 분석했다.

"베드버그...? 이거 빈대한테 물린 자국이라는데?"

여행자들의 기피 대상 1호. 침대에 숨어 있다가 사람이 잠들면 기어 나와 몰래 피를 빠는 벌레. 그래서 이름도 'Bed Bug(침대 벌레)'다.

모기는 한 방 제대로 물고는 금세 사라지지만, 빈대는 다르다. 피를 조금 빨고는 살짝 옮겨 다시 물고, 또다시 이동해 또 문다. 그렇게 조금씩 자리를 옮기며 물기 때문에 일정한 간격을 두고 자국이 남는다.

어제 숙소에 도착해 침대에 누웠을 때, 아주 작은 검은 벌레가 기어가는 걸 봤다. 무심코 휴지로 눌러 죽인 그 녀석이 떠올랐다. 별생각 없이 넘겼는데, 그게 바로 빈대였을 줄이야. 분명 한 마리를 잡았는데도 밤새 물렸다는 건, 침대 어딘가에 다른 빈대들이 서식하고 있다는 뜻이었다.

우리는 침대를 샅샅이 살피기 시작했다. 새하얀 시트 위에서 까만 점 하나라도 찾기 위해 눈을 부릅뜨고 살피고 또 살폈다. 하지만 먼지처럼 보이는 작은 점들 말고는 아무것도 발견되지 않았다.

"이미 죽은 거 아닐까?"

이토록 찾아도 보이지 않는 걸 보면, 어젯밤 나를 물고는 어딘가에서 비명횡사한 게 아닐까. 그럴 리 없다는 걸 알면서도, 그냥 그렇게 믿고 싶었다.

'아… 왜 이렇게 가렵냐.'

다음 날 아침, 가려움에 잠에서 깼다. 여전히 밖에는 비가 내리고 있었고, 파도는 거세게 넘실거리고 있었다. 침대에서 일어나 가려운 부위를 살폈다. 동그란 원 모양의 균일한 자국. 빈대였다. 어제는 등, 오늘은 다리, 어제는 스콜피온 자리, 오늘은 북두칠성 자리였다. 잠에서 깬 짝꿍이 말했다.

"나도 물렸어."

다행히 습한 지역에 가면 종종 나타나는 짝꿍의 아토피 피부염을 대비해 챙겨온 연고가 있었다. 그걸로 가려움을 조금이나마 잠재울 수 있었다. 하지만 연고는 미봉책일 뿐, 우리에게 정말 필요한 건 빈대를 박멸할 수 있는 강력한 스프레이였다.

약국에 가봤지만, 빈대 전용 스프레이는 없고 모기 퇴치 스프레이뿐이었다. 약국 직원이 추천해 준 마트에 가봤지만, 거기서도 상황은 같았다. 빈대 전용은 없고, 바퀴벌레 퇴치 스프레이만 있었다. 마트 직원에게 묻자 'BAYGON'이라는 이름의 스프레이를 다용도로 쓴다고 했다.

달리 방법이 없었다. 실낱같은 희망을 안고 스프레이를 사 온 우리는 침대를 들어 올려 프레임부터 매트리스까지 꼼꼼하게 뿌렸다. 진드기 퇴치에 좋다는 계피도 침대 곁에 뒀다. 다행히 효과는 미미하게나마 있었다. 아예 물리지 않는 건 아니었지만, 두 번 물릴 걸 한 번 물리는 정도였다. 그렇게 몇 날 며칠을 지내다 보니, 적응이 된 건지 빈대의 출몰이 잦아든 건지, 가려움 없이 깊이 잔 날도 있었다.

"발리가 아니라 다른 나라였으면 바로 환불받고 다른 곳으로 이동했을 텐데."

짝꿍이 말했다. 나도 고개를 끄덕였다. 우기의 아메드는 특히나 습했다. 깔끔한 카페에 가도 야외 좌석의 방석은 축축했고, 분위기 있는 식당에 앉아도 수많은 파리를 쫓느라 쉴 새 없이 손을 허공에 휘둘러야만 했다. 바퀴벌레는 이제 벌레 축에도 끼지 못했다. 정체를 알 수 없는 벌레들이 수시로 나타났고, 우리는 그것들을 휴지로 꾹꾹 눌러 죽이는 일을 반복해야 했다. 그뿐만이 아니었다. 해가 지면 우리나라의 연약한 하루살이와는 비교도 안 되는, 통통하고 징그러운 하루살이 떼가 밤하늘을 가득 메웠다. 무자비하게 날아드는 하루살이 떼에 입을 꾹 다문 채 걸어야 했다. 그런데 그 벌레들이 하루살이가 아니라 흰개미였다는 사실을 알고 경악했다. 알고 보니 발리의 우기는 흰개미의 번식기였다.

항공권 가격이 저렴하다는 이유로, 우기라는 사실을 애써 외면한 채 떠나온 발리였다. 맑은 건기에 다녀온 여행자들이 남긴 숙소 예약 사이트의 호평만 믿고 찾아온 숙소였다. 물론 지금의 상황은 그 리뷰와 전혀 달랐지만, 불평하지 않기로 했다. 정도의 차이만 있을 뿐, 이 시기엔 어디를 가도 크게 다르지 않을 거라 생각했다.

"그래도 이 정도 가격에 바다 바로 앞에 숙소가 있는 게 어디야."

우리가 택한 숙소를 긍정하려 애쓰는 내 말에 짝꿍도 고개를 끄덕이며 말했다.

"맞아. 숙소는 괜찮아. 우기라서 그렇지, 지금은 어딜 가나 다 비슷할 거야."

선택을 긍정해 주는 짝꿍이라 얼마나 다행인지 몰랐다. 둘 중 하나라도 크게 불만을 품었다면, 아메드는 불쾌한 기억으로 남았을 것이다.

방에 벌레들이 많다며, 오늘은 화장실에서 엄지손가락만 한 바퀴벌레를 잡느라 진땀을 뺐다며 사장님에게 말해 봤자 뭘 하겠는가. 그들에겐 이게 일상인 것을. 스노클링 하러 왔는데 온종일 비가 와서 스노클링 한 번 제대로 못 했다며 불평해 봐야 뭘 하겠는가. 본래 한 해에 올 비의 대부분이 쏟아지는 게 우기인 것을. 이미 끝난 선택을 후회하고 불평해 봐야 뭘 하겠는가. 누가 시켜서 한 것도 아니고, 내가 스스로 한 선택인 것을.

그럼에도 때론 선택이 후회스러울 수도 있다. 잘못된 선택을 했다는 생각에 머리를 쥐어박고 싶을 때가 있다. 그럴 땐 또다시 선택하면 된다. 악조건 속에서도 내 선택을 최대한 긍정하며 즐거운 일을 찾아 나서든지, 아니면 악조건을 벗어나기 위해 또 다른 선택을 하든지. 후회나 불평은 옵션이 아니다. 소중한 시간을 갉아먹는 빈대 같은 녀석일 뿐이지.

스노클링의 천국일 줄 알았던 아메드. 빈대를 비롯한 수많은 벌레와 동침하고, 비는 온종일 내려 매일 젖은 옷으로 돌아다녔지만, 웃기로 했다.

"지금은 이래도 나중엔 이곳이 정말 사무치게 그리울 거야."

흠뻑 젖은 옷으로 길을 걷다 짝꿍에게 말했다. 나는 알고 있었다. 지금은 아쉬움 가득하지만, 이 또한 시간이 흐르면 다시 돌아가고 싶은 아련한 순간이 된다는 걸. 멈추지 않는 비 때문에 딱히 할 수 있는 일이 없는 아메드였지만, 지금의 상황을 최대한 긍정하며 지내기로 했다.

애초에 뭘 부지런히 하려고 온 여행이 아니지 않은가. 적극적으로 하지 않고 살아보기로 다짐하며 다시 찾은 발리 아닌가. 본래의 성격 때문인지 딱히 할 수 있는 게 없는 지금의 상황에 조바심을 느꼈지만, 별 수 있나. 이곳을 떠날 게 아니라면 주어진 상황에서 최대한 만족스러운 시간을 만들어 나가는 수밖에.

"그냥 내려놔야 해. 여기선 뭘 하려고 하면 안 돼."

제대로 된 스노클링 한 번 해보지 못해 아쉬워하는 나를 위로하기 위해 짝꿍이 말했다. 그녀의 말이 맞았다. 내가 어찌할 수 없는 날씨에 맞서 애쓰면 스트레스만 쌓일 뿐이었다. 조금 더 내려놓기로 했다. 변덕스러운 날씨의 흐름에 가만히 올라타기로 했다. 비가 많이 오는 날엔 숙소에서 커피나 한잔 내려 마시며 일렁이는 바다를 감상하고, 비가 조금 그치면 근처의 괜찮은 식당과 카페에서 여유롭게 시간을 보내고, 운이 좋게 비가 멎으면 그동안 가지 못했던 곳을 여행해 보기로 했다. 어제 물린 빈대 자국을 무의식적으로 벅벅 긁으며 다시 한번 다짐했다.

'그래, 여행하는 게 아니라 살아보는 거야. 조금만 시간이 지나도 그리워질 지금의 이 상황을 좀 더 즐겨 보는 거야.'

비를 아메드의 일부로 받아들이고 나니 마음이 한결 편해졌다. 내가 기대하던 아메드의 모습을 머릿속에서 지우고, 지금 마주하고 있는 아메드의 현실을 받아들이고 나니 조바심이 사라졌다. 역시 문제는 환경이 아니라, 그 환경을 받아들이는 내 마음이었다. 온종일 비가 내리는 아메드를 온전히 받아들이기로 한 나는, 작은 아메드 마을을 구석구석 돌아다니며 아메드만의 매력을 찾아가기 시작했다.

AMED
느리지만 괜찮아

　아메드는 참 느린 마을이었다. 숙소 바로 앞에 있는 식당 'OLE'에 처음 갔을 땐, 해도 해도 너무 느린 직원의 응대에 약간의 불쾌함을 느꼈다. 테이블에 앉은 지 10분이 지나도록 직원은 주문을 받으러 오지 않았다. 직원은 총 세 명이었는데, 고작 다섯 개뿐인 테이블 수를 고려하면 일손이 부족한 것도 아니었다. 한국 같았으면 "저기요." 하고 큰 소리로 직원을 부르면 됐겠지만, 왠지 이곳에서는 그게 실례일 수도 있겠다는 생각에 조용히 기다렸다. 그러던 중 옆 테이블의 손님과 눈이 마주쳤고, 그는 우리의 상황을 이해한다는 듯이 말했다.

　"여기 원래 좀 느려요. 주문하는 데 시간 좀 걸릴 거예요."

언제부터 앉아 있었는지는 알 수 없지만, 그들도 이미 음식을 한참이나 기다리고 있는 눈치였다. 다행히 5분쯤 더 지나자, 사장님이 주문을 받으러 왔다. 오래 기다리게 해서 미안하다는 말은 없었다. 환하게 웃으며 "어떤 걸 주문하시겠어요?"라고 묻는 게 전부였다. 어렵게 주문을 마친 우리는 다시 기다려야 했다. 옆 테이블에 음식이 나왔고, 다른 테이블에도 음식이 나왔다. 이쯤이면 우리 것도 나올 때가 된 것 같은데, 감감무소식이었다. 혹시 주문을 깜빡한 건 아닐까 싶던 순간, 다행히 음식이 나왔다. 식사 한 끼에 긴 기다림이 필요한 식당이었다.

 식당의 이름 앞엔 '와룽(Warung)'이라는 단어가 붙어 있었다. 인도네시아에서는 이 단어가 식당, 가게 등을 뜻하며 폭넓게 쓰이는데, 식당 이름 앞에 '와룽'이 붙어 있으면 보통 인도네시아 가정식을 파는 곳이라 생각하면 된다.

 우리는 나시 고렝, 찐 생선 요리 같은, 어느 와룽에서나 볼 수 있는 평범한 음식을 주문했다. 그들의 느린 리듬에 적응하지 못해 약간의 불만이 쌓인 상태였기에 음식에 큰 기대를 하진 않았다. 그런데 흰 쌀밥 위에 생선과 그 생선을 감싸고 있는 소스를 함께 떠서 입에 넣는 순간, 불쾌했던 마음이 단숨에 사라졌다. 부드러운 생선도 훌륭했지만, 무엇보다 소스가 일품이었다. 내 미각을 곤두세워 추측해 보면, 생강과 레몬그라스, 그리고 감칠맛을 더해주는 무언가가 섞인 소스였다. 이국적이지만 전혀 이질감 없는, 이곳이 아니면 절대 경험할 수 없을 것 같은 그런 맛이었다.

감탄사를 연발하며 그릇을 깨끗이 비운 우리는 기세를 몰아 바나나튀김(Pisang Goreng)도 주문했다. 바삭한 튀김 껍질 속에 부드러운 바나나가 숨어 있는 이 디저트에 달콤한 꿀을 찍어 먹으니, 우중충했던 아메드의 하늘이 갑자기 맑게 갠 듯한 기분이 들었다.

"와, 음식이 늦게 나오는 이유가 있었네. 이 정도면 나는 한 시간도 기다릴 수 있어."

이렇게 맛있는 음식이 빨리 나오는 게 오히려 이상한 일이었다. 느리지만, 한입 베어 물고 나면 비로소 그 느림이 이해되는 그런 맛이었다.

'OLE'만 느린 게 아니었다는 사실은, 아메드에서 며칠을 더 보내고 나서야 깨달았다. 아메드는 전체적으로 느렸다. 다른 식당들도 발리 관광지의 식당과 비교하면 상대적으로 느렸고, 우리나라의 식당과 비교하면 절대적으로 느렸다. 하지만 불평할 수 없을 만큼 맛있었다. 아메드에서 보낸 10일 동안, 우리는 자연스레 느림에 적응해 갔다. 직원이 주문을 받으러 올 때까지의 시간은 식당 주변의 풍경을 바라보거나 다음 일정을 천천히 계획하는 시간으로, 음식을 기다리는 시간은 의자에 몸을 기대어 잠시 숨을 고르는 휴식의 시간으로 활용했다. 이곳은 발리, 그중에서도 가장 동쪽 끝에 있는 작은 마을, 아메드였다. 그들의 터전에 들어온 건 우리였다. 그러니 기준을 맞춰야 하는 건 그들이 아닌 우리였다.

나는 그들의 느림에 왜 불쾌함을 느꼈을까. 빠른 게 당연하고 바쁜 게 일상인 우리나라에서의 습관을 떨쳐내기가 힘들어서였을까. 빨리 주문하고, 빨리 음식을 받고, 빨리 음식을 먹고, 빨리 계산하고 나왔던 습관. 이런 습관 때문에 내가 놓치는 게 있지는 않았을까. 먹는다는 건 단순히 음식을 씹어 목으로 넘긴다는 행위 이상의 의미를 담고 있을 텐데. 음식을 기다리며 곁에 있는 사람과 나누는 대화, 음식을 천천히 씹으며 느껴지는 맛을 공유하는 순간, 음식을 만들어준 사람에게 고마움을 표현하며 오가는 감정까지, 이 모든 게 먹는다는 행위에 포함될 텐데.

생각해 보면 나는 늘 빨랐다. 짝꿍의 그릇에 아직 음식이 절반이나 남아 있을 때쯤, 내 그릇은 이미 바닥을 보였다. 아무리 속도를 맞추려고 해도 맞춰지지 않아 나는 답답함을 느꼈고, 짝꿍은 조바심을 느꼈다. 짝꿍은 내게 말했다. 눈앞에 있는 건 최대한 빨리 해치워야 직성이 풀리는 성격이라고.

"군대에서 식사 늦게 하면 엄청나게 혼났거든. 그때의 습관을 아직 못 버려서 그래."

순식간에 비워진 그릇이 무안해질 때마다 꺼내는, 내 단골 핑계였다. 하지만 사실 짝꿍의 말이 맞았다. 나는 정말로, 무언가를 빨리 해치워야 직성이 풀렸다.

음식만의 문제가 아니었다. 대학생 시절엔 과제를 마감

당일에 제출해 본 적이 거의 없었다. 과제를 받는 순간, 마감일과 관계없이 바로 해치워야 했다. 과제를 빨리 제출하는 순서대로 성적이 매겨졌다면, 학기마다 장학금을 놓치지 않았을 것이다. 제출 전날, 밤을 새워 과제를 마감하는 학생들을 보며, '왜 저렇게 자기 자신을 괴롭히지?' 하고 의아해했던 기억도 있다.

직장에 다닐 때도 마찬가지였다. 업무를 받으면 바로 시작했고, 웬만하면 최대한 빨리 마무리하려 했다. 문제는, 일을 다 끝낸 뒤 남은 시간을 보내는 게 항상 눈치가 보였다는 것이다. 퇴근 30분 전에 보고를 올려야 추가 업무 없이 하루를 마무리할 수 있다고 조언해 준 친절한 선임 덕분에 그나마 속도를 조절할 수 있었지만, 무언가를 미룬다는 건 여전히 내게 큰 고통이었다.

작은 일에서도 마찬가지였다. 예를 들어 눈앞에 과자가 있다면, 배가 불러도 그 과자를 끝까지 먹어 치우지 않고는 못 견뎠다. 마치 해결해야 할 과제라도 되는 양, 손을 끊임없이 움직였다.

지금의 이 성격이 왜, 언제부터 생겼는지는 모르겠지만,

나는 늘 그렇게 살아왔고, 지금도 크게 다르지 않다. 빨리 해치워야만 직성이 풀리는 이 성격은 때로 득이 되기도 했지만, 독이 되는 순간도 많았다. 계획한 일이 예상치 못한 변수로 미뤄지면 스트레스를 받았고, 급하지 않은 일을 굳이 앞당겨 처리하겠다고 고집을 부리다 종종 주변과 마찰을 빚기도 했다. 그래도 이 성격이 문제라고는 생각하지 않았다. 부지런하다는 말도 들었고, 성실하다는 평도 들었으니까.

하지만 가끔은 의문이 들었다. 정말 그렇게까지 빨리 해치워야만 하는 일이었을까? 서둘러 끝낸다고 해서 결과가 더 좋아지는 건 아닐 텐데. 빨리 해치워야 한다는 생각에 내가 놓치고 있는 건 없을까? 때로는 마음의 여유를 가지고, 조금 늑장을 부려도 괜찮지 않을까.

아메드는 이런 내 성격을 누그러뜨리기에 최적의 마을이었다. 모든 게 느리지만, 느린 게 이해되는 곳이었다. 매일 식당에서 주문을 기다리며, 음식을 기다리며, 정성스럽게 만들어진 음식을 천천히 음미하며 생각했다.

'느리다고 해서 무조건 손해 보는 건 아니구나. 조금 더

속도를 늦춰도 괜찮겠구나.'

한국으로 돌아가서도 이 느림의 미학을 잊지 않을 수 있을까? 잘 모르겠다. 모든 것이 빠르게 돌아가고, 그 속도에 동참하지 않으면 초조해지는 사람들 속에 다시 섞이다 보면, 나도 모르게 또 그 분위기에 휩쓸릴지도 모르니까.

하지만 이곳은 예외였다. 모든 것이 느리게 흘러가는 곳이었다. 내가 조금 느려진다고 해서 누구 하나 다그치는 사람 없는 곳이었다. 마음 편히 느려질 수 있는 이곳에서는 마음을 내려놓고 이 느림에 최대한 순응하며 살아보자고 생각했다.

AMED
자연을 섬기는 곳

 비와 눈치 싸움을 이어갔다. 잠에서 깨자마자 귀를 열고 비가 오는지부터 확인했다. 보통 새가 울고 있으면 비는 오지 않았다. 새 울음소리 대신 거센 파도 소리가 들리면 어김없이 비가 왔다.

 새들이 지저귀는 소리가 들리면 발코니에 나가 파도의 높이를 살폈다. 파도가 잔잔하다 싶으면 일단 스노클링 장비를 챙겨 바다로 나갔다. 그래도 흐린 날씨 탓에 딱히 할 수 있는 건 없었다. 혼탁한 바닷속에서 물고기를 찾아 헤매다 포기하고 돌아오는 날이 대부분이었다. 비가 안 오는 줄 알고 집을 나섰다가 금세 쏟아지는 빗줄기에 바다에 들어가 보지도 못하고 돌아온 적도 많았다.

 숙소의 발코니뿐만 아니라 아메드 어디에서나 잘 보인

다는 아궁산은 구름에 가려 단 한 번도 모습을 드러내지 않았다. "우기만 아니었으면 정말 환상적이었을 텐데." 이 말만 수십 번은 넘게 했다. 불평해 봐야 달라질 건 없다는 걸 잘 알았다. 나는 스노클링에 대한 기대를 내려놓고, 근처에 갈 만한 곳이 있는지 구글 지도를 켜 보기로 했다.

발리에 오기 전, 유명해 보이는 관광 명소들을 몇 군데 저장해 뒀는데, 그중 리뷰가 가장 많은 사원이 눈에 들어왔다. 렘푸양(Pura Lempuyang) 사원이었다. 숙소에서 스쿠터를 타고 30분이면 도착하는 거리였다. 비에 젖은 미끄러운 아스팔트 길을 작은 스쿠터로 달리는 게 다소 부담스럽긴 했지만, 30분이라면 도전해 볼만한 거리였다.

아메드는 이틀이면 거의 모든 곳을 둘러볼 수 있을 정도로 작은 동네였다. 웬만한 식당은 다 가봤고, 괜찮은 카페도 세 군데쯤 찾아 번갈아 가며 출석 중이었다. 비록 제대로 바다를 즐기진 못했지만, 사람들이 추천한 스노클링 포인트도 두어 군데는 가봤다.

'온종일 비가 내리고, 음식은 느리게 나오지만, 맛은 훌륭한 마을.' 이대로라면 아메드는 그렇게만 기억되고 끝나버릴 것만 같았다. 그래서 우리는 비가 오지 않는 날, 아니, 비가 오지 않을 것 같은 날을 골라 아침 일찍 렘푸양 사원으로 향했다.

렘푸양 사원은 발리에서 가장 신성한 사원 중 하나로 여겨진다. 발리의 6대 사원 가운데 하나로, 해발 1,175미터에 위치해 아름다운 경관으로도 잘 알려져 있다. 발리의 힌두교 사원 입구에는 독특한 형태의 문이 있는데, 이를 '칸디 벤타르(Candi Bentar)'라고 부른다. 렘푸양 사원의 칸디 벤타르는 그 뒤로 아궁산이 보여 '하늘의 문'이라는 별칭이 붙었다. 그래서 인근에 머무르지 않더라도 수많은 관광객이 이 '하늘의 문' 앞에서 사진을 찍기 위해, 일부러 이곳까지 찾아온다.

사원에 도착하면, 현지 사진작가가 휴대전화 카메라 아래에 거울을 대어 칸디 벤타르 앞에 마치 투명한 거울 호수가 있는 듯한 효과로 사진을 찍어준다. 나도 언젠가 누군가의 여행 사진 속에서, 호수 위에서 점프하는 듯한 인상적인 사진을 본 기억이 있다. 그 사진의 배경이 바로 이곳이었다는 사실을, 그땐 미처 알지 못했다.

고백하자면, 이런 정보는 모두 나중에야 알게 된 것들이다. 칸디 벤타르가 뭔지, 렘푸양 사원이 어떤 의미를 지닌 곳인지 전혀 모르고 있었다. 심지어 이곳에서 사진을 찍어준다는 사실조차 몰랐다. 그저 유명한 사원이라길래, 발리 현지 사람들이 사원에 들러 무엇을 하는지, 어떤 의식을 행하는지 궁금해서, 이른 아침 스쿠터를 타고 무작정 찾아간 것뿐이었다.

출발은 좋았다. 간만에 아궁산이 모습을 드러냈다. 도넛처럼 생긴 구름이 아궁산의 허리에 걸려 있었다. 완전한 모습은 아니지만, 이렇게라도 아궁산을 볼 수 있는 게 행운이었다. 운이 좋으면 렘푸양 사원에 도착해서도 아궁산의 모습을 감상할 수 있겠다며 설레는 마음으로 스쿠터를 몰았다. 하지만 역시, 아메드의 날씨는 예측할 수 없었다. 조금씩 비가 떨어지기 시작하더니, 급기야 옷이 젖을 만큼 비가 내리기 시작했다. 그래도 당황하지 않았다. 맑을 줄 알고 길을 나섰다가 폭우를 맞은 적도 있었고, 반대로 비가 올 줄 알고 집에 있었는데 맑은 하늘에 놀라며 황급히 밖으로 나선 적도 있었다. 아메드에 머무는 동안 이런 상황을 반복하다 보니, 이 정도의 날씨 변화는 이제 웃으며 넘길 수 있을 만큼 내성이 생겼다.

노면이 미끄러워 안 그래도 느린 스쿠터의 속도를 더 줄여 천천히 달리다 보니, 40분이 넘어서야 렘푸양 사원 주차장에 도착했다. 사원 입구까지는 셔틀버스를 타야만 했다. '스쿠터는 그냥 사원 입구까지 가게 해주면 안 되나?' 하고 속으로 불평했지만, 셔틀버스를 타고 무지막지한 오르막길을 올라가는 동안 그 생각은 금세 사라졌다.

셔틀버스는 좁디좁은 오르막길을 거침없이 달렸다. 잠깐만 실수해도 도로를 이탈해 셔틀버스가 전복될 수 있을 정도로 폭이 좁은 도로였지만, 기사 아저씨는 개의치 않고 거칠게 운전했다. 내 눈에는 기인이나 다름없어 보이는 기사 아저씨의 운전 덕분에 눈 깜짝할 새 목적지에 도착했다. 아직 끝이 아니었다. 버스에서 내리자, 사원에 들어가기 위해 필수적으로 입어야 하는 화려하고 기나긴 스카프처럼 생긴 사롱(Sarong)을 나눠줬다. 허리에 사롱을 두른 우리는 10여 분간 오르막길을 걸었다. 습한 기온에 등에 땀이 흥건히 젖을 때쯤, 우리는 드디어 렘푸양 사원 입구에 도착했다.

사원엔 정말 많은 관광객이 있었다. 다들 어느 지역에서 왔는지는 모르겠지만, 각국의 여행객들이 발리 전역에서 다 모인 듯했다. 사원은 생각보다 크지 않았지만, 알 수 없는 영험한 기운으로 가득했다. 입구의 왼편에는 아궁산이 보이는 하늘의 문이 있었고, 오른편에는 나가(Naga) 계단이 있었다. 나가는 힌두 신화에서 신성한 뱀 또는 용과 같은 존재로 지혜와 보호의 상징인데, 계단엔 나가의 형상을 본뜬 조각이 장식되어 있었다.

계단은 꽤 높았다. 그래서 그런지 대부분의 관광객은 중간까지만 올라가 사진을 찍고 내려왔다. 하지만 달리기로 단련된 나에겐 식은 죽 먹기였다. 그렇게 어렵지 않게 계단의 끝에 다다른 나는 뒤를 돌아 하늘의 문을 바라봤다. 그리고 사진을 찍어주기 위해 아래에서 대기하고 있는 짝꿍을 향해 말했다.

"와, 대박이야. 아궁산 진짜 잘 보인다."

실제로 렘푸양 사원과 아궁산까지의 거리는 꽤 멀지만, 렘푸양 사원의 높은 계단 끝에서 본 아궁산은 손에 닿을 듯한 거리에 있었다. 매일 구름 뒤에 숨어 모습을 드러내지 않던 아궁산이었는데, 우리의 노력을 알았던 건지 하늘의 문 뒤에서 웅장한 모습으로 우리를 반기고 있었다.

우리에게 아궁산은 그저 발리에서 가장 높은 해발 3,031미터의 산이겠지만, 발리 현지인들에겐 그 의미가 다르다. 그들은 아궁산을 우주의 중심, 신들의 거처로 믿으며 신과 연결되는 신성한 문으로 여긴다. 산을 그저 자연의 일부로 생각하는 내가 깊이 공감할 수는 없지만, 사원의 계단 끝에서 구름에 둘러싸인 아궁산을 보고 있으니 왠지 모를 신성한 기운을 느낄 수 있었다.

계단에서 내려온 우리는 입장표에 적힌 대기 순번을 확인했다. 하늘의 문에서 사진을 찍으려면 자신의 순번을 기다려야 하는데, 여전히 우리 앞에는 수십 팀이 있었다. 보통 같았으면 기다리지 않고 돌아갔을 테지만, 이번엔 인내심을 갖고 기다리기로 했다. 렘푸양 사원의 하이라이트라고 할 수 있는 하늘의 문에서 사진 한 장 건지지 않고 돌아갈 순 없었다. 사진을 찍기 위해 한 시간을 기다려야 했지만, 재미난 포즈로 사진을 찍는 전 세계 사람들을 구경하고 있으니, 시간은 생각보다 빨리 흘러갔다.

"앞에 보고 합장하는 사진, 뒤에 보고 손잡는 사진, 서로 등 기대고 합장하는 사진. 우리는 이 정도만 하자. 개인 포즈는 각자 알아서 하고."

각각의 포즈로 사진을 찍는 사람들을 구경하며 우리는 어떤 포즈로 사진을 찍을지 미리 정했다. 한 시간의 기다림 끝에 찾아온 포토 타임. 기다린 시간에 비해 사진 찍는 시간은 찰나였다. 포즈를 취한 지 얼마 되지 않아 사진작가가 "Next."라고 말했고, 다음 포즈를 취하자마자 또다시 "Next."를 외쳤다. 다음은 개인 포즈였다. 간단히 합장만 하고 내려온 짝꿍과 달리, 나는 옆으로 돌아 달리는 포즈로 힘껏 점프했다.

우왕좌왕, 허둥지둥. 황급히 내려오는 내게 사진작가는 엄지를 치켜들며 휴대전화를 건넸다. 내가 기억하기로는 수많은 관광객 중 사진작가에게 엄지를 받은 사람은 내가 유일했다. 어떤 사진이 찍혔기에 엄지를 들었을까. 사진 속 나는 공중 부양했다고 해도 과언이 아닐 정도로 높게 점프하고 있었다. 마치 공중에서 달리고 있는 듯한 모습이었다. 그야말로 인생 사진이었다.

메신저 프로필을 방금 찍은 인생 사진으로 바꾸고, 곡예에 가까운 기사 아저씨의 셔틀버스를 타고 다시 미끄러운 노면을 스쿠터로 달려 집에 도착해, 거의 매일 출석하는 와룽 OLE에서 점심을 먹었다. 인생 사진을 건진 건 좋았지만, 왠지 조금 아쉬웠다. 렘푸양 사원은 내가 기대한 발리의 힌두교 사원과는 조금 거리가 있었다. 종교적인 느낌보다는 관광지의 색채가 짙었다. 사원은 하늘의 문 앞에서 사진을 찍기 위해 대기하는 전 세계 관광객들로 인해 북적거렸다. 물론 우리도 그들 중 일부였고, 한 시간을 넘게 기다려 그에 상응할 만한 사진을 건지긴 했지만, 아쉬움은 어쩔 수 없었다. 발리 힌두교 특유의 분위기를 느끼고 싶었지만, 상업화된 관광지를 방문한 느낌이랄까. 발리에서 세 손가락 안에 드는 유명한 사원에 다녀와 놓고 다른 걸 기대한 내가 어리석었다.

발리 힌두교는 일반적인 힌두교와는 다르다. 힌두교의 신들뿐 아니라 조상을 숭배하는 것이 특징이다. 매일 아침 꽃, 음식, 향을 피워 조상을 기린다. 조상의 영혼이 이승으로 내려온다고 믿는 '갈룽안(Galungan)'은 발리 최대의 축제 중 하나다. 또한, 발리 힌두교는 자연을 숭배하는 문화도 깊이 자리 잡고 있다. 사람들은 매일 아침, 꽃과 음식을 담은 잎 위에 향을 피우는 '짜낭사리(Canang Sari)'를 바치며 자연의 신들에게 공양을 올린다. 이와 함께 불교의 영향도 크게 받아 섬 곳곳에서 불상을 쉽게 찾아볼 수 있다.

 인도네시아 전체로 보면 인구의 90%가 이슬람교도이지만, 발리는 예외적으로 힌두교가 주류를 이루는 지역이다. 이곳의 힌두교는 일반적인 인도 힌두교와는 달리, 조상 숭배와 애니미즘 요소, 불교적 세계관이 혼합된 발리만의 독자적인 신앙 형태로 발전해 왔다. 이러한 독특한 문화 덕분에 발리는 전 세계 여행자들에게 매력적인 여행지가 되었고, 우리 역시 그 매력에 이끌려 다시 이곳을 찾았다.

이번에는 발리의 문화를 더 깊이 경험하고 싶었다. 렘푸양 사원에서도 그런 기대를 품었지만, 아쉽게도 기대만큼의 감동은 느끼지 못했다. 그러나 며칠 뒤, 그 아쉬움을 달랠 만한 재미있는 일이 일어났다.

늦은 오후, 카페에서 커피를 마시고 있는데 저 멀리서 요란한 소리가 들려왔다. 나팔 소리, 북소리가 어우러져 있었다. 정교한 연주는 아니었지만, 악기들이 즉흥적으로 어우러지는 재즈 같은 느낌이었다. 나는 마시던 커피를 내려놓고 소리의 근원을 찾기 위해 두리번거렸다. 잠시 후, 발리 전통 의상을 입은 사람들이 긴 행렬을 따라 걸어오는 것이 보였다. 대략 100명쯤 돼 보였다. 배탈로 고생하던 짝꿍도 흥미로운 듯 그 모습을 지켜봤다. 긴 행렬은 우리의 시선에서 점점 멀어져 갔다. 따라가 보고 싶은 마음이 컸지만, 짝꿍의 상태가 좋지 않아 숙소로 돌아가려 했다.
"저거 어디까지 가는 걸까?"
스쿠터를 타고 가던 내가 물었다.

"그러게. 따라가 볼까?"

배가 아파도 호기심은 참지 못하는 짝꿍이었다. 나는 망설이다가 결국 방향을 틀어 행렬을 따라가기로 했다. 다행히 행렬은 계속 이어지고 있었다. 나는 맨 뒤에서 사람들이 걷는 속도에 맞춰 스쿠터를 몰았다. 우리를 보고 웃으며 인사하는 현지인들의 모습을 보니 장례 행렬은 아닌 듯했다. 한 아주머니는 손에 무언가를 잔뜩 담은 보자기를 들고 있었고, 한 남자는 스쿠터 뒤에 닭을 매달아 가고 있었다. 축제일까, 조상을 기리는 의식일까. 도무지 알 수 없는 행렬은 계속해서 이어졌다. 이 길 끝에 무엇이 기다리고 있을까. 확실한 건, 이 방향으로 계속 가면 바다에 닿을 거라는 사실뿐이었다.

알 수 없는 악기들이 내는 요란한 소리에 맞춰 걷다 보니 어느새 바다에 다다랐다. 행렬은 그제야 멈췄고, 사람들은 꽃으로 장식된 긴 테이블 위에 자신들이 가져온 음식을 하나둘 올려놓기 시작했다. 마구잡이로 내려놓는 것이 아니라, 각자의 차례에 맞춰 의식을 치르듯 경건한 태도로 질서 있게 올렸다. 테이블 뒤편, 빨간 의상을 입은 할아버지가 높은 단상에 앉아 향을 피우며 무언가를 준비하고 있었다. 그는 이곳에서 가장 연로해 보였다. 도대체 이 의식은 무엇일까. 궁금증을 참지 못하고 옆에 있던 아저씨에게 물었다. 돌아온 대답은 단 한마디였다.

"세레모니."

무슨 세레모니인지 더 알고 싶었지만, 이곳 사람들과 영어로 소통하는 것은 쉽지 않았다. 그러던 중, 어디서 한국어를 배웠는지 자꾸 "사랑해요"라고 말하는 꼬마 아이가 눈에 띄었다. 아이의 엄마로 보이는 아주머니에게 다가가 다시 물었다. 이번엔 번역기의 도움을 받았다.

"이 의식은 무엇을 위한 것인가요?"

하지만 이번에도 단답형 대답이었다.

"데와 바루나."

처음 듣는 단어였다. "데와… 바루나?" 내가 되묻자, 아주머니는 고개를 끄덕였다. "데와 바루나… 데와 바루나…" 단어를 잊지 않으려 계속 중얼거리며 급히 번역기를 켜고 검색했다. 그리고 마침내 깨달았다.

"아! 바다의 신이구나!"

나는 미궁의 사건을 해결한 탐정처럼 신이 나서 짝꿍에게 말했다.

"이거 바다의 신을 기리는 의식이었어! 그래서 연주도 하고, 음식도 바치는 거고."

관광객들에게 아메드 바다는 스노클링의 성지일지 몰라도, 현지인들에게는 삶의 터전이었다. 어업으로 생계를 이어가는 이들이 바다의 신에게 고기가 풍성하게 잡히길, 또 한 해 동안 무사하길 기원하는 의식이었다.

이렇게 보니, 우리나라의 옛 신앙과 닮은 점이 많았다. 우리도 산신령에게, 하늘신에게, 바다신에게 부모의 안녕과 자식의 건강, 마을의 평안을 빌지 않았는가. 물론 세부적으로 들어가면 차이점이 많겠지만, 우리나라의 제사 문화와 애니미즘 신앙이 힌두교와 섞여 독자적인 형태로 발전한 것이 발리 힌두교라고 생각하니, 발리가 한층 더 가까워진 기분이었다.

수많은 현지인과 몇몇 서양 관광객들 사이에서, 현지인이 아닌 동양권 여행자는 우리뿐이었다. 이런 작은 마을일수록, 낯선 여행자에 대한 관심은 클 수밖에 없다. '사랑해요'라는 말을 연신 외치던 꼬마에게 우리는 호기심의 대상이었나 보다. 쑥스러운지 우리에게 섣불리 말을 걸지는 못했지만, 아이는 세레모니 현장을 뛰어다니며 우리 주위를 맴돌았다. 같은 또래 남자아이 둘도 여자아이를 따라 제 집 안방처럼 바다 앞을 뛰어다녔다. 우리와 눈이 마주치면 냉큼 뛰어왔다가, 바로 앞에서 깔깔거리며 다시 돌아가고. 저 멀리서 뛰어다니다가도 문득 우리가 생각났는지, 다시 우리에게 달려와 손뼉을 마주치며 인사하기를 반복했다. 어린 시절, 마당에서 제사를 지낼 때면 맛있는 음식을 기대하며 신나게 뛰어놀던 내 모습이 떠올랐다. 어른들에겐 바다의 신을 기리는 세레모니겠지만, 이 꼬마 아이들에겐 그저 축제일 뿐이리라.

세레모니는 마을 사람들이 음식을 갖다 바친 후 잠시 멈춘 듯했다. 요란하던 연주도 잦아들었고, 빨간 옷을 입은 마을 리더로 보이는 할아버지는 별다른 움직임을 보이지 않았다. 아마 지금부터 해 질 녘까지, 마을 사람들이 바친 음식을 바다의 신이 충분히 드시기를 기다리는 시간인 듯했다.

"이제 갈까?"

배 아픈 것도 잊고 꼬마 아이들과 놀아주던 짝꿍에게 말했다. 아이들은 손을 흔들며 작별 인사를 하는 우리를 향해 냉큼 달려왔다. 그리고 작은 몸으로 우릴 꼭 안아주었다. 꼬마 아이의 작은 포옹에서 그 어디에서도 느끼지 못한 따뜻함을 느꼈다. 짧은 시간 동안 정이 들었는지 숙소로 돌아가는 발걸음이 무겁게 느껴졌다. 고개를 돌리니 아이들은 여전히 우리를 향해 손을 흔들며 제자리에서 방방 뛰고 있었다. 우리도 크게 손을 흔들었다.

"그새 정이 쌓였나 봐. 참… 아이들이란…"

짝꿍의 아쉬움 섞인 말이었다. 지난 여행에서는 이런 경험을 할 기회가 없었다. 그땐 발리의 표면만 스쳐 갔을 뿐, 그 속을 들여다보지는 못했다. 이번엔 달랐다. 그들이 믿는 종교를 가까이서 관찰하고, 그들의 문화를 함께 나누며, 삶의 온기를 곁에서 느낄 수 있었다. 아메드에서의 세레모니를 함께한 오늘, 발리는 내게 한 발짝 더 다가왔다. 이전보다 조금 더 깊이, 조금 더 진하게.

AMED
거북이를 찾아서

 나는 거북이와 인연이 없었다. 누군가에겐 쉽게 마주칠 수 있는 존재일지 몰라도, 나와는 이상하게도 인연이 닿지 않았다. 이전에 발리를 여행하며 누사 렘봉안에서 스노클링했을 때도, 나는 거북이를 만나지 못했다. 거북이보다 몇 배는 보기 어렵다는 만타가오리를 서너 마리나 봤고, 수많은 산호초와 열대어들도 질릴 만큼 구경했지만, 이상하게도 거북이는 끝내 나타나지 않았다. 스노클링 가이드를 따라 거북이 출몰 지역이라 알려진 장소에서 수십 분을 헤엄쳤지만, 그래도 거북이는 모습을 드러내지 않았다.

 이번이 기회였다. 소문으로는, 걸어서 바다에 들어가기만 해도 거북이를 만날 수 있다는 곳이 바로 이곳, 아메드였다. 매일 내리는 비에 많은 것들을 내려놓았지만, 거북이를 보고 싶은 마음만큼은 여전히 내려놓지 못하고 마음 한편에 간직하고 있었다.

궂은 날씨에도 틈틈이 바다를 찾았다. 비가 오더라도 구름 사이로 해가 조금이라도 모습을 내비치면 일단 바다에 들어갔다. 하루는 숙소 앞에서, 또 하루는 스노클링 명소인 즈믈럭(Jemeluk) 해변에서, 다른 하루는 구글 지도에 '거북이 출몰 장소'라고 표시된 곳에서 거북이를 찾았다. 하지만 거북이는 끝내 볼 수 없었다. 해는 떴는데 파도가 거세고, 파도는 잔잔하지만 해가 뜨지 않아 흔히 보이던 열대어조차 제대로 보지 못한 날이 대부분이었다. 스노클링에 대한 미련을 일찌감치 접은 짝꿍은 이렇게 말했다.

"그냥 이번 여행에서는 스노클링에 대한 미련을 버리는 게 나아. 비는 매일 오고, 날씨 예측도 힘들고."

하지만 나는 쉽게 포기하지 않았다. 지친 짝꿍을 숙소로 먼저 돌려보내고, 나 홀로 거북이를 찾아 바다를 헤매기도 했지만, 번번이 허탕이었다. 이쯤 되면 나의 집념에 감동해서라도 거북이가 나타나 줄 법도 한데, 거북이는 끝까지 묵묵부답이었다.

 그래도 미련을 버리지 못한 나는, 심지어 아메드를 떠나는 날 아침에도 짝꿍을 꼬드겨 바다로 향했다. 바다의 신을 기리는 세레모니를 구경하던 다이버로부터, 거북이가 정말 자주 출몰하는 장소를 들었기 때문이다. 영국에서 왔다던 그는 70% 정도의 확률로 거북이를 만날 수 있다고 말했다. 그 해변의 이름은 리파(Lipah) 해변. 숙소에서 스쿠터를 타고 10분이면 닿는 거리였지만, 길이 험해 그간 갈 생각을 하지 않았던 곳이었다.

 이제 막 해가 모습을 드러낸 새벽, 침대에서 일어난 나는 테라스로 나가 날씨를 확인했다. 비는 오지 않았다. 파도도 잔잔했다. 아니, 잔잔하다 못해 고요했다. 여느 때처럼 구름은 가득했지만, 그래도 구름 사이를 뚫고 햇살이 모습을 보였다. 우기인 걸 감안하면, 스노클링하기에 완벽한 날씨였다. 혹시나 준비하는 도중에 날씨가 바뀔까 봐 급히 서둘러 밖을 나섰다. 스쿠터를 타고, 노면이 고르지 못해 덜컹거리는 도로를 질주해 리파 해변에 도착했다.

이른 아침이었지만, 해변엔 꽤 많은 현지인 꼬마 아이들이 물장구를 치고 있었다. 벌써 사람이 많다며, 왠지 오늘은 느낌이 좋다고 말하는 내게 짝꿍이 말했다.

"근데 스노클링하는 사람은 한 명도 안 보이는데?"

짝꿍의 말처럼 모래사장 근처에서 물장구를 치며 노는 아이들은 많았지만, 바다 깊숙한 곳에서 스노클링하는 사람은 찾을 수 없었다. 희망을 잃고 싶지는 않았다. 단순히 너무 이른 아침이라 그렇다고 생각했다.

짝꿍이 의심하는 사이, 나는 물속 상태가 어떤지 먼저 점검하겠다며 거침없이 해변으로 향했다. 고작 10분 거리였지만, 숙소 근처의 해변과는 느낌이 달랐다. 검은 자갈이 가득한 숙소 근처의 해변과 달리, 이곳엔 진한 갈색 톤의 모래가 가득했다. 그래서 그런지 물이 혼탁했다.

'물속은 다르겠지.' 나는 스노클링 장비를 착용하고 얼굴을 물속에 박고 천천히 헤엄쳤다. 눈 바로 앞에 보이는 산호초 외엔 아무것도 보이지 않았다. 그 산호초마저도 혼탁한 수질 때문에 제대로 보이지 않았다. 조금 더 앞으로 나아가니 시야가 조금씩 밝아지기 시작했다. 산호초

사이에서 파랗고 노란 열대어들이 보였다. 하지만 선명하지 않았다. 수질이 개선되길 기대하며 더 앞으로 나아갔다. 하지만 수심이 깊어져도 시야는 여전히 흐렸다.

고개를 들어 짝꿍이 서 있는 곳을 봤다. 꽤 멀리 나와 있었다. 괜히 겁이 난 나는 방향을 틀어 다시 뭍으로 나왔다. 숙소 앞의 바다는 산호초는 없어도 물은 맑았는데, 이곳은 산호초는 많지만, 시야가 혼탁해서 아무 의미가 없었다. 바다 안에 산호초가 많고 열대어가 많아 봐야 무슨 소용이겠는가. 내 눈에 보이지 않는데.

그래도 이대로 돌아갈 순 없었다. 아메드에서의 마지막 날이었다. 떠나기 전날도 아닌 떠나는 날 당일 아침이었다. 이번엔 짝꿍과 함께 들어가 좀 더 여유를 가지고 탐험해 보기로 했다. 혹시나 거북이가 나타나지는 않을까, 혼탁한 바다를 요리조리 헤엄치며 다녔지만 허탕이었다. 쌀알 크기의 알 수 없는 생명체가 혼탁한 시야 속에서 파란 빛을 발광하며 간혹 모습을 드러낼 뿐, 아무것도 보이지 않았다.

다른 장소에서는 적어도 열대어라도 볼 수 있었는데, 정말 이곳엔 아무것도 없었다. 아니, 정확히 말하면 아무것도 보이지 않았다는 표현이 더 맞을 것이다. 거북이가 바로 우리 곁을 지나갔다 해도 보이지 않아 놓쳤을지 모른다. 분명 거북이가 자주 출몰하는 장소라고 했는데. 아침에 눈 뜨자마자 눈곱도 제대로 떼지 않고 나왔는데.

산호초에 긁혔는지 짝꿍의 발등엔 작은 상처가 생겼고, 그 위로 피가 고여 있었다. 거북이를 만나기 위해 찾은 리파 해변에서 건진 건, 아쉬운 마음과 발등의 상처뿐이었다.

숙소에 도착한 나는 숙소로 들어가지 않고 다시 바다로 향했다. 이제는 거북이에 대한 미련도, 스노클링에 대한 미련도 없었다. 그저 짝꿍이 먼저 씻는 동안 맑은 바다에서 수영이나 하다 들어갈 생각이었다. 다 씻고 나면 발코니 문을 활짝 열어놓겠다는 짝꿍을 먼저 보내고, 나는 바다로 뚜벅뚜벅 걸어갔다.

숙소 앞 바다는 이번이 두 번째였다. 산호초가 없는 곳이라 큰 돌덩이 근처에 작은 크기의 파란 열대어만 가끔 볼 수 있는 곳이었다. 하지만 시야는 깨끗해서 수영하기 좋은 곳이었다. 스노클링 장비를 착용하고 고개를 넣었더니 전보다 많은 물고기들이 보였다. 허벅지 높이의 수심까지 걸어가 무릎을 구부리고 얼굴을 숙였을 뿐인데, 전에는 보이지 않던 물고기들이 보였다. 파도가 잔잔해서 그런지 시야도 저번보다 훨씬 맑았다.

애초에 생각했던 대로 더 깊이 들어가지 않고, 아메드와 작별 인사라도 하듯 좌우로 유유히 수영했다. 점점 몸이 풀렸다. 그리고 마음도 풀렸다. 수영만 하기로 했던 나는 '그냥 조금만 더 나아가 볼까?' 하는 생각에 방향을 틀어 더 깊숙이 나아갔다. 잔잔한 파도와 맑은 시야 덕분에 용기가 생겼다. 최대한 힘을 빼고, 호흡을 천천히 하며 나아갔다. 수심이 깊어질수록, 검고 파란 바다 외에는 아무것도 보이지 않았다.

고개를 들어 내가 어디까지 왔는지 확인했다. 멀리 왔지만, 조금만 더 나아가 봐도 괜찮겠다고 생각했다. 더는 미련이 없다는 건 거짓말이었는지, 운이 좋으면 거북이가 모습을 드러내지 않을까 하는 기대감이 생겼다. 조금 더 용기를 내 앞으로 나아갔다. 여전히 아무것도 보이지 않왔다. 이제는 돌아가는 게 맞나, 자신감이 줄어들 때쯤 저 멀리서 하얀 형상이 보였다.

 기대감이 폭발했다. 나는 홀린 듯이 그 형상을 향해 헤엄쳤다. 의문의 물체는 곧 모습을 드러냈다. 아쉽게도 거북이는 아니었다. 아마 배에서 떨어졌을지도 모를, 아니면 양식장의 일부분일지도 모를 새하얀 구조물이었다. 이곳에 자리한 지 꽤 오랜 시간이 흐른 듯했다. 구조물 주위에 정말 많고 다양한 종류의 물고기들이 떼 지어 있었기 때문이다. 수십 종의 물고기들이 구조물에 붙어 있는 플랑크톤을 먹기 위해 달라붙어 있었고, 배가 부른 물고기들은 그 주변에서 움직임 없이 쉬고 있었다.

 한참을 그 구조물 위에 둥둥 떠 있었다. 고요한 바다 한가운데서, 하얀 구조물 위에 떼 지어 있는 물고기들을 눈에 담았다. 조금이나마 더 가까이 보기 위해 부족한 다이빙 실력으로 잠수를 하기도 하고, 혹시 몰라 챙겨온 액션 카메라로 그 모습을 담기도 했다. 시간이 얼마나 지났을까. 숙소 방향으로 돌아가 발코니 문을 확인했다. 꽤 오랜 시간이 흐른 줄로만 알았는데, 발코니 문은 여전히 닫혀 있었다. 나는 다시 방향을 틀어 구조물로 향했다.

여전히 거북이는 볼 수 없었다. 하지만 이름을 알 수 없는 기다란 물고기가 있었고, 복어 모양의 괴상한 물고기도 있었으며, 한 뼘 정도 크기의 물고기들이 떼 지어 다니고 있었다. 커다란 거북이 모양의 하얀 구조물 위에서 나는 신비한 바닷속 생명체들과 함께 호흡하고 있었다.

다시 숙소 쪽으로 헤엄쳐 발코니 문을 확인했다. 발코니 문은 활짝 열려 있었고, 짝꿍은 나를 향해 손을 흔들고 있었다. 나도 뭍으로 나와 두 팔을 들고 신나게 손을 흔들었다. 결국 거북이는 보지 못했지만, 신기하게도 거북이에 대한 미련은 깔끔히 사라졌다. 그동안 비가 온다고 해서 바다에 들어가지 않았더라면, 바다에 들어갔는데 별다른 성과가 없었다고 해서 이전에 포기했더라면, 마지막 힘을 쥐어 짜내 탐험한 리파 해변에서 실망감을 가득 안고 그냥 숙소로 돌아왔더라면, 아메드는 그저 미련 가득한 장소로 남았을 텐데. 어쩌면, 마지막으로, 한 번만 더. 미련해 보일 수도 있는 단어들 덕분에 나는 오히려 미련을 지울 수 있었다.

택시를 타고 다음 지역으로 이동하는데 폭우가 쏟아졌다. 아쉬운 마음에 창문 밖을 바라봤다. 쏟아지는 비 사이로, 정들었던 아메드가 지나갔다. 스노클링에 대한 기대를 안고 도착했던 날, 빈대에게 물려 가려움에 고생했던 날, 느리지만 불평할 수 없는 음식을 먹으며 감탄했던 날, 스노클링하기엔 최악의 조건이었지만, 그 안에서 최선을 다해 우리만의 즐거움을 찾았던 날 또한 창밖으로 하나둘 지나갔다.

짝꿍이 말했다.

"언제 우리가 우기에 아메드에 와 보겠어. 우기라서 더 재밌었던 것 같아."

내가 말했다.

"그러게. 근데 다음엔 꼭 건기에 오자."

아쉬움이 있어야 다음을 기약할 수 있는 법. 우리는 언젠가 아메드에 꼭 다시 오자고, 조용히 마음을 모았다.

UBUD
숙소를 털리다

 바람에 펄럭이는 커튼을 보고 생각했다. '내가 문을 열어놓고 갔었나?' 잠깐의 정적이 흘렀고, 곧이어 불안감이 나를 덮쳤다. 본능적으로 침대로 시선을 돌렸다. 짝꿍의 가방은 열려 있었고, 가방 속에 있어야 할 물건들은 침대 위에 무질서하게 흐트러져 있었다. 발코니로 향하는 문을 열어놓은 적이 없었지만, 문은 열려 있었다. 깔끔한 성격의 짝꿍이 가방 속의 물건을 꺼내 침대 위에 어질러 놓을 리 없었지만, 침대 위는 낯선 분위기를 내는 우리의 물건들로 어지럽혀 있었다.
 '털렸구나.'
 소매치기가 빈번하다는 프랑스 파리에서도, 눈 뜨고 코 베인다는 마닐라의 골목에서도 너무나 안전하게 여행하던 우리였다. 그런데 이곳 발리에서, 평화로운 자연과 친절하고 인자한 사람들로 넘쳐나는 이곳에서 숙소를 털리다니.

낯선 방을 보며 생각했다. '무슨 일이 벌어진 거지?' 누군가로부터 숙소를 털렸다는 사실을 인지하고 나서 생각했다. '도대체 왜 이런 일이 벌어진 거지?' 흥분을 가라앉히고 나서 생각했다. '누가 이런 일을 벌인 거지?'

이른 아침, 우붓 근교 기안야르 지역의 타만사리 폭포(Taman Sari Waterfall)에서 물놀이를 즐긴 우리는 오후 2시쯤 숙소로 돌아왔다. 녹음이 우거진 논의 풍광을 볼 수 있는 발코니에서 잠시 쉬다가, 4시에 예약해 놓은 마사지를 받기 위해 숙소를 나섰다. 나오면서 현관문을 잠갔다. 깜빡하지 않기 위해 열쇠를 항상 열쇠 구멍에 꽂아두던 우리였다. 현관문을 잠그지 않았을 리가 없었다. 그럼 도대체 어떻게 우리의 숙소로 들어온 걸까.

'혹시 직원일까?' 애먼 직원을 의심하는 사이, 내가 치명적인 실수를 저질렀다는 사실을 깨달았다. 발코니에서 잠깐의 휴식을 마치고 나서, 발코니 문을 잠그지 않았다는 사실. 오래된 나무로 만들어져 열쇠를 오른쪽으로 두 번을 돌리면 둔탁한 소리를 내며 힘겹게 잠기던 문이었다. 매번 애써 잠그던 발코니 문을 깜빡하다니. 책임은 온전히 나에게 있었다. 그런데 책임의 무게가 이 정도로 무거워질 줄은, 당시엔 상상하지 못했다.

충격을 받아 약간은 얼어 있는 짝꿍에게 없어진 물건이 없는지 확인해 보라고 했다. 이상한 일이었다. 가방 안의 모든 소지품을 확인했지만, 사라진 물건은 없었다. 기이한 일이었다. 사라진 물건은 없었지만, 아이패드의 전면 스크린이 깨져 있었다. 뾰족한 물건으로 세게 내리친 흔적 같았다. 이해되지 않는 일이었다. 아이패드를 뒤집었더니, 검지 손톱 크기의 카메라 렌즈 세 개가 모두 깨져 있었다.

다행히 다른 물건은 멀쩡했다. 충전 중이었던 카메라는 삼각대에 거치된 채로 얌전히 우릴 기다리고 있었고, 책상에 있던 노트북은 아무 일도 없었다는 듯이 조용히 자리를 지키고 있었다. 그런데 왜, 도대체 왜 아이패드를 망가뜨린 걸까. 가져갈 거면 가져가지, 굳이 왜 힘을 써가며

깨뜨린 걸까. 의문점은 곧 불안감과 위협감으로 바뀌었다.

 사람들에게 알려야만 했다. 곧장 로비로 나가 직원들에게 말했다. 늦은 시각이라 우릴 픽업해 왔던 매니저는 보이지 않았다. 별다른 권한이 없어 보이는 직원에게 사정을 설명했지만, 아무런 도움이 되지 않았다. 그는 매니저를 찾는 나에게, 매니저는 밤늦게 올 수도 있다는 기약 없는 답을 내놓았다. 딱히 할 수 있는 게 없어 방으로 들어와, 사라진 물건이 없는지 다시 한번 확인했다. 내 물건은 모두 그대로였다. 짝꿍도 가방의 소지품을 다시 확인했다.

 "어? 애플 펜슬. 애플 펜슬이 없어."

 아이패드에 붙어 있던 애플 펜슬이 사라졌다. 정말 이해할 수 없었다. 애플 펜슬보다 가격이 10배는 더 나가는 아이패드는 왜 가져가지 않고, 애플 펜슬만 가져갔을까. 왜 가져간다는 선택 대신, 전면 스크린과 카메라를 깬다는 선택을 했을까. 왜 그랬을까. 도대체 왜.

 아이패드를 사용하려면 계정을 전환해야 하고, 계정을

전환하려면 얼굴 인식이 필요한데, 얼굴 인식에 실패하자 '어차피 쓸 수도 없는 물건'이라고 판단했던 거 아닐까, 그래서 화가 나서 박살을 낸 게 아닐까, 하고 아이패드의 주인인 짝꿍은 생각했다. 그 이야기를 들은 나는 속으로 생각했다.

'이거 완전 미친놈이구나.'

우리는 범인을 추론하기 시작했다. 우리의 숙소는 가운데에 있었고, 양쪽으로는 얼굴 한 번 마주치지 못한, 국적이 어디인지도 모를 다른 여행객들이 묵고 있었다. 누가 머무는지 알 길은 없었지만, 나는 직감적으로 왼쪽 숙소를 의심했다. 내가 푸른 논을 바라보며 발코니에 머무를 때마다 왼쪽 숙소의 관광객 목소리가 들렸다. 그만큼 발코니를 자주 사용한다는 이야기였고, 그건 발코니를 넘나들 확률이 오른쪽 숙소보다 높다는 이야기였다. 빈약한 근거였다. 하지만 그들이 발코니에 있을 때마다 들리는, 생소한 언어로 들려오는 그들의 목소리가 왠지 꺼림칙했다. 그저 직감이었다. 직감에 의존할 수밖에 없는 답답한 상황이었다.

이런 상황에서 할 수 있는 일이 뭘까 고민했다. 발리에서 이런 일로 경찰을 부르는 건 큰 도움이 되지 않는다는 사실을 알고 있었다. 나는 경찰서 대신 발리 분관 대사관에 전화했다. 전화를 받은 대사관의 직원은 호텔 매니저에게 이야기해 봤느냐, 경찰은 불렀느냐, 뻔한 질문을 했다. 직접적으로 말을 하진 않았지만, 통화가 길어질수록 그는 나에게 이렇게 말하는 것만 같았다. '결국 우리가 도와줄 건 없어요. 당신들이 알아서 해결할 수밖에요.' 별다른 소득 없이 전화를 끊었다.

시간이 더 늦어지자, 매니저의 아버지가 도착했다. 알고 보니 이 숙소는 가족 사업이었고, 매니저의 아버지가 곧 이 숙소의 사장이었다. 나에게 자초지종을 들은 그는, 우리가 호텔의 스태프들을 의심하는 줄 알았는지 이곳의 직원은 그럴 리 없다고 말했다. 발리 사람들은 현생에서 죄를 지으면 후생에 벌을 받는다는, 카르마를 믿기 때문에 이런 일을 저지를 리 없다고 말했다. 나도 그렇게 생각한다고 답했다. 환한 미소로 항상 우리를 환대해 주던 숙소의 직원들이었다. 내가 사람을 보는 눈이 아주 틀리지 않왔다면 그들이 이런 일을 저지를 리 없다고 생각했다.

그와 한참 대화를 나누고 있는 사이, 짝꿍은 혹시나 추가로 잃어버린 물건이 없는지 확인하기 위해 다시 숙소로 들어갔다. 그리고 잠시 뒤, 그녀는 안 그래도 복잡한 머리를 더 복잡하게 만드는 소식을 들고 왔다. 잃어버린 물건 목록에 한 개가 더 추가된 것이다. 에어팟이었다.

"도대체 왜, 굳이 아이패드를 깨버렸는지 도무지 이해할 수가 없어요."

내 이야기를 들은 사장도 그게 가장 의문이라고, 10년 넘게 이 숙소를 운영하면서 이런 일은 처음이라고 말했다. 그와 대화를 나누며 소란을 피우고 있으니, 숙소에 장기 투숙하고 있던 한 투숙객이 대화에 참여했다. 멕시코에서 왔으며, 발리에서 사업을 하고 있다던 그는 우리에게 벌어진 일을 듣고 나서 말했다.

"에어팟 트래킹 기능 켜봤어요?"

안드로이드 사용자라 이런 기능이 있는지도 몰랐던 나는 그가 무슨 소리를 하는지 알 수 없었지만, 짝꿍은 급히 핸드폰을 꺼내 무언가를 조작하기 시작했다. 바삐 움직이는 짝꿍의 손에서 희망이 보이는 듯했다.

짝꿍은 에어팟의 행적을 찾기 위해 '나의 찾기' 기능을 켰다. 아이폰은 현재 에어팟이 있는 장소를 알려줬다. 위치는 우리가 자주 들렀던, 숙소에서 도보로 10분 거리의 식당이었다.

'잡았다.'

나는 짝꿍의 아이폰을 들고 미친 듯이 레스토랑으로 뛰었다. 범인을 잡아서 어떻게 할지, 아무런 계획은 없었지만, 본능적으로 몸이 먼저 반응했다. 레스토랑 안에는 남자 하나, 여자 둘, 그리고 식당의 몇몇 직원이 전부였다. 저들 중에 누가 범인일까.

뒤늦게 도착한 짝꿍이 다시 '나의 찾기' 기능을 켰지만, 이상하게도 신호가 잡히지 않았다. 이곳에 에어팟이 있다면 신호가 떠야 하는데, 이번엔 아무런 반응이 없었다. 긴장감이 풀리자 좌절감과 무력감이 밀려왔다. 무슨 일 있냐는 듯 우리를 쳐다보며 저녁을 먹고 있는 남녀가 의심스러웠고, 그럴 리 없다는 걸 알면서도 식당 직원들마저 의심스러웠다. 슬프게도, 모두가 의심스러워졌다.

새벽 2시. 아이폰의 알림 소리에 잠에서 깼다. 보통 에어팟을 여닫을 때마다 신호가 잡히는데, 알림을 확인해 보니 에어팟은 여전히 식당에 있었다. 기능이 고장 난 게 아니라면, 도무지 이해할 수 없는 일이었다. 다시 식당으로 달려가 볼까 했지만, 그럴 힘은 없었다. 새벽에 잠에서 깬 나는 짝꿍에게 말했다.

"잊어버리자. 잊고 그냥 우리가 하려고 했던 여행 하자."

거의 잠을 자지 못한 채 아침에 눈을 떴다. 평소대로 아침 조깅을 하러 숙소를 나섰다. 힘은 없었지만, 더는 알 수 없는 이 사건에 힘을 낭비하고 싶지 않았다. 달리기를 마치고 돌아오는 길, 어제 일을 두고 소소한 농담을 주고받았다. 농담할 만한 사건은 아니었지만, 분위기를 전환하고자 애썼다. 애써 키득거리다 보니 어느덧 숙소에 도착했다. 그런데 그때, 아이폰의 '나의 찾기' 기능이 다시 작동했다. 또 오작동이겠거니 하고 기대하지 않았다. 이번엔 아니었다. 아이폰 화면 속 에어팟의 현재 위치가 움직이고 있었다.

에어팟은 꽤 멀리 있었다. 위치는 우리가 어제 갔던 폭포 근처. 그곳에 한참 멈춰 있던 에어팟은 이내 우리 숙소 방향으로 움직이기 시작했다. 속도가 꽤 빠른 걸로 봐서 스쿠터를 타고 오는 듯했다. 우리는 위치를 계속 추적하며 '그놈'이 우리와 가까워질 때까지 기다렸다. 숙소 쪽으로 이동하던 그놈은 숙소 근처 카페에 멈췄고, 우리는 숙소 매니저와 함께 급히 그곳으로 향했다. 카페엔 많은 사람이 있었다. 그리고 야외 테이블에 한 남자가 앉아 있었다. 그를 본 매니저가 우리에게 조용히 말했다.

"저 사람, 당신들 옆방에 지내는 사람이에요."

내 직감이 맞았다. 범인은 우리 숙소 왼쪽에 머무는 사람이었다. '그놈'은 우리를 초조한 눈빛으로 바라봤다. 당황했는지 귀와 목이 벌겋게 달아오른 상태였다. 멀리서 뚫어져라 쳐다보는 내게 그놈은 굉장히 어색한 인사를 건넸다. 짝꿍은 아이폰의 위치 추적 기능을 켜고 그놈에게 다가갔다. 그에게 가까워지자, 아이폰은 '에어팟이 근처에 있습니다'라는 알림을 띄웠다. 짝꿍은 확신을 가지고 알람 버튼을 눌렀다.

"삐삐삐삐."

에어팟이 작은 알람음을 냈다. 소리가 워낙 작아 정확히 어디서 나는지 파악하긴 어려웠다. 미친 척하고 그놈의 가방을 가로채야 하나 고민하던 순간, 그놈은 자리에서 벌떡 일어나더니 화장실로 향했다. 동시에 알람음은 끊겼고, 대신 화면에는 에어팟이 근처에 없다는 알림 문자가 떴다. 이 남자가 바로 '그놈'이라는 사실이 분명해지는 순간이었다.

나도 급히 화장실로 향했다. 하지만 그는 잽싸게 화장실에서 나와 아무 일 없다는 듯 다시 테이블에 앉았다. 조금만 더 빨리 움직였다면 확실한 증거를 확보할 수 있었을 텐데. 고작 한 발짝이 늦어 놓쳐버리고 말았다. 나는 짝꿍의 폰을 들고 다시 화장실로 들어갔다.

"삐삐삐삐."

알람 버튼을 누르자 어딘가에서 소리가 울렸다. 에어팟이 "나 여기 있어요"라고 말하듯, 애처롭게 신호를 보내고 있었다. 그 작은 울음을 더듬어가며 따라가다 보니, 시선이 한곳에 멈췄다. 더러운 휴지통에 씌워진 반투명한 봉지 안, 그 속에 에어팟이 있었다.

이로써 그놈이 범인인 건 분명해졌다. 그 짧은 시간에 화장실 휴지통에 에어팟을 버리다니. 에어팟을 찾긴 했지만, 결정적인 증거를 눈앞에서 놓쳐버렸다. 어차피 자신은 아니라고 발뺌할 게 뻔했다. 결정적인 한 번의 기회를 놓치고 나자, 상황은 걷잡을 수 없이 복잡해졌다.

다짜고짜 가서 따질 수도 없는 일이었다. 그저 분노 가득한 눈으로 쳐다볼 수밖에. 심상치 않은 분위기를 느낀 그는 아무 일 없었다는 듯이 자리에서 일어나 숙소로 향했다. 나는 그의 뒤를 바짝 따라갔다. 일단 따라가야겠다는 생각밖에 없었다. 왜 따라오냐는 그에게, 알지 않느냐고 답했다. 영문을 모르겠다고 발뺌하는 그에게 그저 걸으라고 말했다.

숙소에 도착하자마자 그는 화장실에 가겠다고 했다. '이 자식, 숙소에 들어가 증거를 지우려는 수작이구나.' 문득 그런 생각이 들었다. 우리가 잃어버린 물건은 에어팟과 애플 펜슬. 에어팟은 휴지통에서 찾았지만, 애플 펜슬은 여전히 오리무중이었다. 마지막 물증이 될지도 모를 애플 펜슬을 숨기게 놔두면 정말 모든 게 끝이었다.

 그놈이 혼자만의 시간을 가지게 둘 수 없었다. 화장실이 정 급하면 내가 여기서 보고 있을 테니 다녀오라고 했다. 정말 급했던 건지, 아니면 급하다고 말한 이상 억지로라도 싸야 했던 건지, 그는 발코니에서 쳐다보고 있는 나를 두고 화장실로 들어가 용변을 해결했다.

 그러고 나서 그는 요가 수업 중인 아내를 데리러 요가 센터에 가겠다고 했다. 나도 따라가겠다고 했다. 어떻게든 그놈이 단독으로 행동하는 걸 막아야만 했다. 나와 그놈, 그리고 매니저는 요가 센터까지 함께 걸었다. 정말이지 어색한 동행이었다.

 숙소에 도착한 그의 아내는 아무것도 모른다는 듯 남편에게서 사건의 전말을 전해 듣는 눈치였다. 그러고는 나에게 말했다.

"우린 아무 짓도 안 했어요."

 그녀가 정말 모르는 건지, 모르는 척을 하는 건지 알 길이 없었다.

이 사건은 오후 3시까지 이어졌다. 그녀는 요가 센터의 친구들을 모두 불렀다. 내가 위협적인 행동을 할 수도 있다는 이유 때문이었다. 그녀에겐 피해자인 나를 가해자처럼 만드는 재주가 있었다. 나는 혹시나 하는 마음에 다시 대사관에 연락했고, 경찰을 부르는 게 좋겠다는 전과 같은 답이 돌아왔다. 그래도 이번에는 매니저와 대사관 직원이 직접 통화했고, 통화를 끊은 매니저는 실제로 경찰을 불렀다. 하지만 발리의 경찰은 보통 매우 늦게 출동한다며, 오늘 올지 내일 올지 모른다고 했다. 결국 직접 해결하는 수밖에 없다는 말이었다. 도대체 어떻게 이 녀석이 자백하게 만들 수 있을까. 방법은 단 하나였다. 그 녀석의 방을 뒤져서 우리의 애플 펜슬을 찾는 방법이었다.

 정말 당신이 한 일이 아니라고 자신한다면, 방을 뒤지는 걸 허락해 달라고 말했다. 남자는 완강히 거부했다. 내가 방에 들어가서 애플 펜슬을 몰래 집어넣을지 누가 알겠냐는, 정말 어처구니없는 소리를 했다. 그 녀석의 아내도 망상에 빠진 그의 편을 들며 우릴 사기꾼으로 몰고 가기 시작했다. 내가 방에 들어가는 걸 원하지 않는다는 그의 고집에, 그럼 내가 아니라 매니저가 대신 들어가면 되지 않느냐고 말했다. 그 녀석은 이마저도 거부했다. 하지만 요가 센터 친구들의 설득 끝에 매니저가 방을 뒤지는 걸 허락했다. 이 모든 정황을 알고 있던 매니저는 방을 뒤지기 시작했다. 침대 시트부터 모든 서랍장까지, 마치 탐정처럼 샅샅이 뒤졌다.

"캐리어를 확인해도 될까요?"

매니저의 물음에 남자는 불안한 듯한 표정으로 그렇게 하라고 답했고, 곧 그들의 캐리어에서 애플 펜슬이 나왔다. 짝꿍은 액정이 박살 난 아이패드에 애플 펜슬을 부착했고, 애플 펜슬은 자연스럽게 연결됐다. 당연한 일이었다. 그들이 가지고 있었던 애플 펜슬은 우리의 것이었으니까.

확실한 증거였다. 이 이야기는 여기서 끝나야 맞다. 하지만 모든 증거가 확실히 나왔음에도 그들은 발뺌했다. 여자는 뻔뻔한 태도로 일관했고, 남자는 어느 순간부터 말이 없어졌다. 대화를 주도하던 여자는 판세가 이미 기울었는지도 모르고, 나를 이상한 사람으로 몰아가려 애썼다. 하지만 내 완강한 태도에 지쳤는지 결국 이렇게 물었다.

"그래서, 뭘 원하는 건데?"

나는 백번 양보해서 아이패드 수리 비용을 요구했다. 날아간 시간과 정신적 피해 보상은 바라지도 않았다. 내가 양보했다는 사실을 아는지 모르는지, 그녀는 수리 비용이 왜 이렇게 비싸냐며 말도 안 된다고 말했다. 그러더니 벌떡 일어나 어처구니없는 말을 쏟아냈다.

"그래, 내가 양보할게. 내가 너희에게 줄 수 있는 돈은 700만 루피아(약 60만 원)가 전부야. 10초 안에 결정해. 그렇지 않으면 없던 일로 할 테니까."

나는 거의 폭발 뻔했다. 그런데 이상하게도 분노가 밖으로 표출되지 않았다. 그 어느 때보다도 차가워졌다. 이제 다시 요가 센터로 돌아가야 한다며 빠져나가려는 그녀를 차가운 표정으로 응시하며 가로막았다. 그리고 분노를 꾹 눌러 담아 말했다.

"여기서 기다려."

보통의 나였으면 폭발했을 것이다. 하지만 여기서 폭발

하면 모든 게 원점으로 되돌아간다는 걸 알기 때문에 최대한 분노를 억눌렀다. 모든 건 다시 원점이었다. 말을 잃은 그놈, 여전히 발뺌하는 그의 아내, 그리고 점점 지쳐가는 요가 센터의 친구들과 나는 언제 끝날지 모르는 이 사건을 두고 팽팽한 줄다리기를 하고 있었다. 그런데 고맙게도 요가 센터의 직원으로 보이는 남자가 그녀를 설득하기 시작했다. 그가 어떤 말을 했는지 자세히는 모른다. 언뜻 듣기론, 그들은 돈을 원하는 게 아니라 파손된 물건에 대한 보상을 바라는 거야, 라고 말하는 듯했다. 그와 한참 대화를 나눈 그녀는 나에게 와서 말했다.

"1,100만 루피아(약 100만 원) 줄 테니 이제 그만하자."

숙소에서 ATM 기기까지 걸어가서 직접 돈을 받았다. 깨진 아이패드의 리퍼 가격이었다. 이로써 사건은 일단락됐다. 잃어버린 시간과 정신적인 피해에 대한 보상은 받지 못했다. 물론 그런 일을 벌여서 미안하다는 사과 한마디도 듣지 못했다. 그들로부터 받은 건 파손된 아이패드의 수리 비용뿐이었다. 우리는 그 사실로 우리 자신을 위로

하기로 했다.

 이 사건을 해결하는 데 큰 역할을 해준 매니저는, 원한다면 당장 숙소를 바꿔주겠다고 했다. 그러면서 여기서 5분 거리에 자신이 운영하는 또 다른 숙소가 있는데, 그곳은 어떠냐고 물었다. 고민할 것도 없었다. 우리는 잽싸게 짐을 싸서 그 숙소로 이동했다. 도착하자, 사장님과 그의 아내, 매니저의 아내가 우리를 따뜻하게 안아주었다. 바람 많던 하루 끝에 만난, 따뜻한 온기였다.

 우붓에서의 마지막 날이었다. 너무 지쳐 숙소에서 푹 쉬고 싶기도 했지만, 기운을 내 밖을 나섰다. 매일 방문하던 식당에서 굶주렸던 배를 채웠다. 아침 일찍 달린 이후로 저녁이 될 때까지 한 끼도 못 먹은 우리였다. 그래서였을까, 사건이 해결돼 마음이 편해서였을까. 안 그래도 맛있던 음식이 유난히 더 맛있게 느껴졌다.

 식사를 마친 우리는, 다른 지역으로 이동하기로 돼 있었던 내일의 계획을 위해 버스를 예매하고 숙소로 돌아와 오늘 하루를 회상했다. 짝꿍이 말했다.

 "사람을 의심하고 싶지는 않아. 그런데 그렇게 하기 위해서는 최대한 조심해야 할 필요가 있다는 사실을 깨달았어."

 여행하면서 좋은 사람들 덕분에 잊지 못할 추억을 쌓아왔던 우리였다. 그런데 이번에는 정반대였다. 사람 때문에 나쁜 기억이 남았다. 하지만 꼭 사람 때문만은 아니었다. 우리가, 아니, 내가 한 번만 더 조심했더라면 일어나지 않았을 일이었다. 적어도 확률은 낮출 수 있었다. 내부주의 때문에 얼마나 많은 사람을 의심해야 했던가. 숙소 직원들, 식당에서 마주쳤던 남녀, 식당의 직원들, 심지어 논에서 가끔 인사하던 농부까지. 한 번 조심할 일을 두세 번 더 조심하자는, 깊은 교훈을 남긴 채 사건은 그렇게 끝이 났다.

 다음 날 아침, 다른 지역으로 이동하기 위해 숙소를 나서는데, 사장님의 아내, 우리끼리는 '왕엄마'라고 부르던 그녀가 연신 미안하다며 고개를 숙였다. 나는 아니라고, 당신이 미안해할 필요가 뭐가 있냐며 활짝 웃었다. 그러는 사이, 짝꿍은 그녀를 꼭 안았다. 포옹을 마친 짝꿍의 눈에서는 눈물이 흐르고 있었다. 그 눈물을 보는 숙소 사람들도 함께 눈시울을 붉혔다. 나는 숙소를 나서며 말했다.

"또 만나요."

여전히 눈물을 글썽이는 왕엄마를 뒤로한 채, 우리는 수많은 감정을 마주했던 숙소를 떠났다. 아까 왜 울었냐고 묻는 나에게 짝꿍은 이렇게 답했다.

"사람한테 크게 데였는데, 숙소 사람들한테서 가족 같은 정이 느껴져서. 그냥 고마워서 눈물이 났어."

사람 때문에 말도 못 할 만큼 힘들었지만, 결국 사람 덕분에 위로받을 수 있었다.

지금 생각해도 여전히 의문투성이인 이 사건은 2년 전, 발리 여행 중에 겪은 일이다. 다시 우붓에 간다면 어떤 기분일까. 다시 같은 숙소에 머문다면 어떤 느낌일까. 대부분의 사람이라면 불쾌한 기억이 남은 숙소 대신 다른 곳을 선택했겠지만, 우리는 이번에도 같은 숙소를 예약했다.

여러 감정이 뒤섞인 숙소를 다시 예약하고 나니 설렘과

동시에 걱정도 밀려왔다. 우리는 괜찮지만, 혹시 숙소 가족들이 우리를 안 좋은 기운으로 기억하고 있진 않을까 공연히 신경이 쓰였다. 그들도 그 사건으로 꽤 큰 스트레스를 받았을 테니까.

처음에는 다른 숙소를 예약했을 정도로 많은 고민이 있었지만, 여행이 다가올수록 마음이 점점 기울었고, 결국 다시 '니르와 홈스테이'에 머물기로 했다. 사장님은 건강히 잘 계실까. 왕엄마는 우리를 기억할까. 매니저는 예전처럼 밝은 미소로 우리를 반겨줄까. 그곳에 다시 도착하기 전까지는, 아무것도 알 수 없었다.

UBUD
다시 찾은 우붓

아메드에서 우붓으로 가는 길은 쉽지 않았다. 앱으로 택시를 부르는 것부터 난관이었다. 세 시간이나 되는 거리를 선뜻 데려다주겠다고 나서는 택시 기사는 좀처럼 없었다. 어쩌다 택시가 잡히면 곧 가격을 흥정하는 메시지가 도착했다. 터무니없는 가격이었다. 이러다 아메드에서 하루 더 머물러야 하는 건 아닐까, 하는 생각이 들 무렵, 앱에서 알림이 왔다. 이번엔 가격 흥정 메시지가 없었다. 운이 좋았다. 우붓에 집이 있는 택시 기사가 마침 아메드에 손님을 데려다주고 돌아가던 길에 우리의 호출을 받은 것이었다.

길은 정말 험했다. 시간이 갈수록 빗방울은 굵어졌고, 렘푸양 사원으로 가는 오르막길이 생각날 정도로 가파른

길이 반복됐다. 길은 어찌나 좁던지. 맞은편에서 오는 자동차와 오토바이가 거친 속도로 달려오는데 택시와 부딪치지 않는 게 신기했다. 이 사람들은 죽음에 대한 두려움이 없는 건가, 생각할 정도로 과감한 운전자들이었다. 그런데 그중 최고는 우리가 타고 있는 택시 기사 아저씨였다. 가는 내내 경적을 끊임없이 울렸고, 급브레이크와 중앙선 침범은 기본이었다. 잠이 들려고 하면 급브레이크 때문에 잠에서 깼고, 눈이 감기려고 하면 경적에 눈을 번쩍 뜨게 됐다. 거의 한숨도 제대로 못 잔 나와 달리, 한 시간이 넘게 곤히 자는 짝꿍이 신기할 따름이었다. 그래도 과감한 기사 아저씨 덕분에 생각보다 빨리 우붓에 도착할 수 있었다. 하필이면 주말이라 예정 소요 시간이 네 시간이었는데, 한 시간이나 단축해서 단 세 시간 만에 도착할 수 있었다.

목숨을 담보로 한 과감한 운전 실력을 뽐낸 아저씨에게 고맙다고 인사를 전하고, 우린 익숙한 장소에 발을 딛었다. 모든 게 그대로였다. 관광객들로 복잡한 우붓 중심가 거리도, 큰 나무들이 쓰러질 것 같은 모습으로 늘어져 있는 도로도, 그리고 숙소로 향하는 기나긴 오르막길의 초입인 바로 이곳도.

'니르와 홈스테이'. 숙소에 침입해 아이패드를 파손하고 에어팟과 애플 펜슬을 훔쳐 간 신혼부부들과 맞서 싸웠던 곳, 심신이 지친 우리를 따뜻한 마음으로 감싸주었던 숙소 가족들이 있는 곳이었다. 숙소 가족들이 우리를 보고 과연 반가워할까, 의심한 적도 있었다. 우리의 잘못은 아니었지만, 사건의 중심에 우리가 있었고, 그로 인해 숙소 전체가 떠들썩해졌기 때문에 아무래도 신경이 쓰이긴 했다.

"우리를 나쁜 기운으로 생각하면 어쩌지?"

숙소를 예약하기 전, 짝꿍이 했던 말이다.

"에이, 설마."

이렇게 대답하긴 했지만, 나 또한 조금은 신경 쓰였던 게 사실이다. 약간은 긴장된 마음으로 숙소의 문을 열자, 모든 걱정이 기우였다는 사실을 곧 깨달았다. 우리를 가장 먼저 반겨준 사람은 왕엄마였다. 그녀는 우리의 얼굴을 확인하자마자 한 손을 자신의 가슴에 얹고 고마움과 미안함, 그리고 반가움이 뒤섞인 표정을 지었다. 2년 전, 사건을 겪고 숙소에 들어섰던 우리를 반겨줬을 때와 똑같은 표정이었다. 2년이라는 시간이 흘렀지만, 그녀는 여전히 우리를 기억하고 있었다. 그녀의 얼굴을 보니 마음이 따뜻해졌다. 마치 친할머니를 만난 기분이었다. 소란스레 인사를 나누고 있는데, 계단 위에서 누군가 아이를 안고 내려왔다. 매니저의 아내였다.

"안녕하세요. 저 기억하세요?"

내 말에 그녀도 환하게 웃으며 대답했다.

"그럼요. 기억하죠."

그때는 아이가 없었는데, 그녀의 품엔 이제 막 돌이 지난 아기가 안겨 있었다. 2년이라는 시간은 한 생명이 태어나고 자라날 만큼 긴 시간이었다.

걱정과 달리, 너무나 따뜻한 환대를 받았다. 더 저렴한 숙소도 있었고, 같은 가격에 시설이 더 좋아 보이는 곳도 있었지만, 우리가 굳이 이곳을 다시 선택한 이유는 추억 때문이었다. 숙소 사람들로부터 받은 위로는 오래도록 따뜻한 기억으로 남았고, 시간이 흐르자 다시는 겪고 싶지 않은 그날의 난리조차 웃으며 꺼내볼 수 있는 추억이 됐다. 그리고 지금, 추억에 이끌려 다시 찾은 이곳에서 그들의 따뜻한 환대를 받으니, 마음의 이끌림을 따라 이곳으로 돌아온 일이 전혀 후회되지 않았다.

숙소에 짐을 풀고 저녁을 먹으러 우붓 중심가로 향했다. 식당은 정해져 있었다. 'Compound Warung'. 2년 전에도 거의 매일 들렀던 발리 가정식 식당이었다.

식당까지 가는 길은 복잡했다. 자동차와 오토바이로 꽉 막힌 도로는 경적으로 가득했고, 인도는 사람들로 북적여 어쩔 수 없이 차도로 내려가 걸어야 할 정도였다. 우리가 한적한 아메드에 너무 오래 머물렀던 탓일까. 우기임에도 불구하고 성수기보다 사람이 많다고 느껴졌다. 이전 여행에서는 분명 고요하게 느껴졌던 우붓이었는데, 내 기억에 오류가 있었던 걸까.

복잡한 인파를 뚫고 식당에 겨우 도착했다. 식당은 여전했다. 메뉴 하나에 보통 3천 원이 넘지 않는 저렴한 가격, 눈이 휘둥그레질 만큼 끝내주는 맛, 직원들의 친절

함까지. 그때와 달라진 게 하나 없는 모습이 반가웠다. 2년 전, 도둑과 실랑이를 벌였던 소란을 겨우 마무리하고 나서, 텅 빈 배와 텅 빈 마음을 이끌고 찾아왔던 곳도 바로 이 식당이었다. 지쳐 있던 우리에게 큰 위로가 되어 준 건, 다름 아닌 이곳의 따뜻한 음식이었다.

"근데 우붓에 원래 이렇게 사람이 많았나? 내가 기억을 잘못하고 있는 건가?"

사람에 치이며 돌아오는 길, 짝꿍에게 물었다.

"그러게. 성수기보다 더 많은 것 같은데?"

짝꿍도 고개를 끄덕였다. 분명 우붓은 조용한 곳이었는데. 내 기억 속 우붓은 풀벌레 소리가 들리던, 잔잔하고 고요한 동네였는데.

숙소에 도착하니 누군가가 우리 옆방을 정리하고 있었다. 사장님이었다. 그가 먼저 인사를 건네지 않았다면, 미처 알아보지 못했을지도 모른다. 예전에는 늘 발리 전통 두건을 쓰고 있었는데, 오늘은 민머리였기 때문이다. 혹시나 나를 기억하지 못할까 봐 조심스럽게 물었다.

"안녕하세요. 혹시 저 기억하세요?"

그랬더니 사장님은 "물론이지."라고 답하며 손으로 무언가를 내리치는 시늉을 했다. 짝꿍의 아이패드를 부순 그놈을 흉내 냈다는 사실을 알아차린 나는 웃음을 터뜨렸다.

그때는 근심 가득한 얼굴만 봐서, 사장님이 어떤 사람인지 제대로 알 기회가 없었다. 그는 이야기 나누기를 좋아하고, 농담도 곧잘 하는 사람이었다. 최근 동남아 여행을 다녀온 이야기, 잠도 못 자고 가이드를 따라다니다 병이 났던 이야기, 한국도 가보고 싶은데 너무 비싸서 망설인다는 이야기까지, 사장님은 마치 말동무를 기다렸다는 듯 이야기를 쏟아냈다. 고향에서 오랜만에 만난 친척을 마주한 듯한 푸근한 느낌이었다.

아마 그 일이 없었다면, 우리 관계는 그저 투숙객과 숙소 호스트로만 남았겠지. 아이패드는 잃었지만, 그보다 더 따뜻한 관계를 얻었으니, 이 정도면 나쁘지 않은 거래일지도 모른다고 생각했다.

사장님과 가벼운 대화를 마치고 침대에 누워 눈을 감았다. 어디선가 귀뚜라미 소리가 들렸다. 다양한 풀벌레 소리와 괴상한 울음소리를 내는 두꺼비 소리도 들려왔다. 숙소 옆 논에서 들려오는 소리였다. 그 외엔 아무 소리도 들리지 않았다. 고요하고 적막했다. 내가 기억하는 우붓이었다.

'맞아. 이게 우붓의 매력이었지.'

우붓에 도착했다는 사실을 이제야 실감했다. 온화한 기후와 적절한 강수량 덕분에 벼농사가 생계 수단이었던 곳. 관광 산업의 발달로 리조트가 들어서고 요가 센터와 명상 센터가 즐비하지만, 여전히 논에서 농사를 짓는 농부들의 모습을 볼 수 있는 곳. 낮에는 도마뱀과 곤충들, 밤이면 반딧불이를 볼 수 있는 곳. 시골에서 뛰놀며 자연과 하나 되었던 어린 시절의 향수를 느낄 수 있는 곳이 바로 우붓이었다.

관광 산업의 발달로 점점 더 혼잡해지는 우붓에서 '니르와 홈스테이'는 태풍의 눈 같은 곳이었다. 밤이 되면 고요함이 찾아오고, 풀벌레들이 쉬지 않고 만들어 내는 화음을 들으며 잠들 수 있는 곳이었다.

'내가 지금 우붓에 있구나. 다시는 오지 못할 것만 같았

던 이곳에 또다시 왔구나.'

 자연의 소리를 들으며 우붓의 밤에 녹아들었다. 두꺼비 울음 한 번에 비 내리던 아메드가 멀어지고, 풀벌레 노랫소리 한 번에 우붓이 성큼 다가왔다.

'이곳에 다시 오게 될 줄이야. 이번엔 부디 웃을 일만 있길.'

 이제는 과거의 이야기가 아닌, 새로운 이야기를 써야 할 시간이었다.

UBUD
잘 먹는다는 건 잘 산다는 것

 풀벌레 소리 덕분인지 깊게 잠들 수 있었다. 밤사이 물린 빈대의 가려움도 느끼지 못할 정도로. 아메드에서 빈대를 옮겨온 걸까, 이곳에서 새로운 빈대를 만난 걸까. 시트를 걷어내고 침대를 샅샅이 살폈다. 완전히 새 침대는 아니었지만, 그렇다고 해서 빈대가 있을 만한 침대는 아니었다. 아메드의 빈대가 우릴 따라온 게 틀림없었다.

 방을 샅샅이 뒤져 빈대를 찾았지만, 눈에 띄지 않았다. 빈대를 잡기 위해 초가삼간을 다 태운다는 속담의 뜻을, 초가집이 아니라 발리의 숙소에서 깨달을 줄이야. 그래도 내성이 생겼는지, 빈대를 처음 만났던 날에 비하면 견딜 만한 가려움이었다. 피부 연고를 대충 바르거나, 정 가려우면 손바닥으로 톡톡 때려주면 그만이었다. 처음에는

'발리 사람들은 매일 빈대에 물릴 텐데, 도대체 어떻게 참고 사는 걸까?' 하는 생각이 들었다. 그런데 발리에 도착한 지 2주가 지나자, 그들은 빈대를 삶의 일부로 받아들이고 사는 것이 아닐까 하는 생각이 들었다.

어떤 문제가 나만 겪는 특별한 상황이 아니라 모두에게 해당하는 보편적인 일이라면, 불평하기보다는 받아들이는 것이 정신 건강에 더 좋다. 우붓이 우리에게 주는 정서적 안정감에 비하면, 빈대 문제는 사소한 편이었다.

우붓에 머무는 동안 우리는 정말 잘 먹었다. '웰니스'를 주제로 한 관광 산업이 발달해서인지, 아니면 우리가 그런 식당을 잘 찾아다녀서인지는 모르겠지만, 우붓에서 먹은 음식들은 하나같이 건강했다. 게다가 가격은 말도 안 되게 저렴했다. 보통 둘이 한 끼를 먹어도 만 원이 넘지 않았다. 메인 음식 두 개 이상에 디저트와 음료까지 포함된 가격이었다.

가격은 저렴했지만, 음식의 퀄리티는 결코 저렴하지 않았다. 정말 알찬 식당이 많았다. 그중에서도 우리가 매일 출석하다시피 했던 'Compound Warung'은 하루에 두

끼를 해결할 정도로 만족스러웠다. 다양한 채소, 해물, 고기 등을 넣고 면을 볶아 만드는 미고랭, 면 대신 쌀을 볶아 만든 나시고랭은 인도네시아의 대표 메뉴이자 이 식당의 기본 메뉴였는데, 매일 먹어도 질리지 않을 만큼 훌륭한 맛이었다.

에피타이저인지 본 메뉴인지 모를 만큼 푸짐하게 나오는 야채수프는 늘 그릇 바닥까지 싹 비우게 했고, 우리나라의 꼬치구이와 비슷한 사테(Sate)는 질릴 틈 없이 손이 가는 메뉴였다. 특히 발효한 콩으로 만든 템페 사테는 고기를 좋아하는 나조차도 '비건으로 살아도 괜찮겠다'는 생각이 들 만큼 맛있었다.

디저트도 훌륭했다. 쫀득한 반죽 속에 코코넛 설탕이 가득한 다다굴룽, 겉은 바삭하고 속은 부드러워 입안에서 사르르 녹는 바나나튀김까지, 모든 음식이 완벽했다. 덕분에 과식을 피할 수 없었다. 우붓에 머무는 동안 전 메뉴 정복을 목표로 전투적으로 먹었지만, 속은 늘 편했다. 아무리 배불리 먹어도 더부룩하지 않은 게 신기했다.

장이 썩 좋지 않은 나는 여행할 때마다 늘 장 문제로 고생하곤 했다. 미국 여행을 처음 갔을 때는, 식사를 마치고 나면 풍선처럼 부풀어 오르는 배 때문에 힘들었다. 대부분 패스트푸드로 끼니를 해결했는데, 파이브 가이즈, 인앤아웃, 칙필레 같은 당시 한국에선 맛볼 수 없던 프랜차이즈 햄버거 가게가 보이면 그냥 지나치지 못했다. 신나게 음식을 입에 때려 넣을 땐 좋았지만, 먹고 나면 밀려오는 왠지 모를 불쾌함과 피곤함에 매번 고생했다.

어쩌다 들른 스테이크 가게나 고급 레스토랑에서도 마찬가지였다. 식전에 나오는 빵에 버터를 잔뜩 발라 먹고, 고기를 신나게 썰어 먹고, 디저트로 나오는 케이크나 아이스크림까지 먹고 나면 금액은 십만 원을 훌쩍 넘어갔다. 하지만 값비싼 가격과 식사 후 내 기분은 비례하지 않았다. 더부룩한 속을 달래느라 고생했고, 난데없이 요동치는 배를 움켜잡고 곧장 화장실로 향하곤 했다.

작년 이스탄불 여행에서는 어땠는가. 주식이 빵인 이스탄불에서는 거의 모든 음식에 빵이 따라 나왔다. 수프에 빵을 찍어 먹고, 버펄로 우유로 만든 카이막도 빵에 듬뿍 발라 먹었다. 센 불에 토마토와 계란을 재빨리 섞어 만든 메네멘 역시 빵 위에 올려 먹었다. 내가 가장 즐겨 먹었던 튀르키예식 피자, 피데(Pide) 또한 얇은 밀가루 반죽 위에 치즈와 고기 등의 토핑을 얹어 화덕에서 구운 음식이었다.

그나마 빵은 괜찮았다. 진짜 문제는 디저트였다. 바클라바는 혀끝에선 달콤했지만, 먹고 나면 온몸이 설탕에 잠기는 느낌이었다. 로쿰은 입에 닿자마자 핏속으로 퍼지는 당분 덩어리 같았다. 그 단맛은 기분 좋은 달콤함이 아니라, 경고음처럼 다가왔다.

오해하지 않길 바란다. 나는 미식의 나라라 불리는 튀르키예의 음식을 정말 좋아한다. 기회만 된다면, 지금 이야기한 음식들을 다시 먹기 위해서라도 당장 튀르키예로 떠나고 싶을 정도다. 다만, 맛있다고 해서 꼭 몸에 좋은 건 아니라는 사실이 아쉬울 따름이다. 작년에 한 달 동안 이스탄불에 머무르며 이런 음식들을 매일 먹었다. 그 결과, 내 아랫배는 기형적일 만큼 부풀어 올랐다. 매 식사를 마칠 때마다 배 안에 커다란 풍선 하나가 들어앉은 느낌이었다. 셔츠를 걷고 배를 손바닥으로 두드리면 '둥둥' 하며 마치 북을 치는 듯한 소리가 났다.

이런 음식을 평생 먹으며 살아가는 튀르키예 사람들은 어떤 모습일까. 나는 한 달 내내 이스탄불 사람들의 체형을 유심히 관찰했고, 한 가지 공통점을 발견했다. 바로 대부분의 사람이 불룩 튀어나온 아랫배를 갖고 있다는 사실이었다. 길거리에서 마주친 수백 명의 중년 남성들이 대부분 그랬다. 물론 예외도 있었지만, 대체로 그랬다. 내가 자주 가던 식당의 사장님도, 일을 돕던 그의 아들도, 그 식당에 자주 들르던 손님들까지 모두 비슷하게 배가 나와 있었다.

얇게 썬 양고기와 고소한 버터, 그리고 빵이 곁들여 나오는 이스켄데르 케밥 식당의 사장님 또한 마찬가지였다. 그는 나를 보자마자 대뜸 내 배를 손가락으로 가리키며, 배가 나오지 않은 게 신기하다는 듯 "베리 슬림(Very slim)"이라고 말했다. 배가 나오면 신기하게 쳐다보는 한국과 달리, 이스탄불에서는 배가 나오지 않은 사람을 신기한 눈으로 바라봤다. 어찌 보면 당연한 일이었다. 빵의

주원료인 밀가루와 온갖 디저트의 주재료인 설탕을 매일 먹는 이곳에서, 배가 나오지 않는 게 오히려 더 이상한 일 아닐까.

하지만 발리는 달랐다. 이곳에서는 뚱뚱한 사람을 보기 어려웠다. 식당 메뉴판만 잠깐 들여다봐도 그 이유를 금세 알 수 있었다. 대부분의 메뉴가 고기보다 채소 위주였고, 밀가루 음식이더라도 늘 채소나 해산물이 풍성하게 곁들여져 있었다. 균형 잡힌 식단 덕분에 포만감은 충분했지만, 속은 더부룩하지 않았다.

디저트도 마찬가지였다. 단순한 설탕 덩어리로 이뤄진 디저트는 찾아보기 힘들었다. 발리에서는 정제 설탕 대신 코코넛 설탕을 주로 사용했고, 가공된 식품보다는 신선한 과일로 만든 디저트가 대부분이었다. 코코넛 밀크에 젤리와 찹쌀떡, 다양한 과일을 넣어 만든 '에스 짬뿌르(Es Campur)'나, 코코넛 밀크에 쌀가루 또는 녹두 가루로 만든 첸돌을 섞어 만든 '에스 첸돌(Es Cendol)'이 대표적인 디저트였다.

물론 당이 전혀 없는, 완벽하게 건강한 디저트라고는 할 수 없지만, 미국이나 튀르키예에서 먹었던 디저트에 비하면 훨씬 균형 잡힌 음식이었다. 덕분에 발리에서는 소화가 되지 않아 숙소 침대 위에서 이리저리 뒤척이던 다른 나라 여행과는 달리 몸도 마음도 한결 가볍게 여행할 수 있었다.

잘 산다는 건 뭘까. 갈피를 잡지 못했던 20대 내내, 나는 스스로에게 이 질문을 반복하곤 했다. 삶의 목적을 찾아 그 목적을 향해 꾸준히 나아가는 삶이 잘 사는 걸까. 흔히들 말하듯 사랑하는 사람을 만나 행복한 가정을 꾸리는 것이 잘 사는 걸까. 아니면 큰 욕심 없이 무탈하게 하루하루를 보내는 것이야말로 진정 잘 사는 것일까. 잘 산다는 것의 정의는 사람마다 다르겠지만, 우붓에 머무는 동안 문득 이런 생각이 들었다. 어쩌면 잘 산다는 건, 그저 잘 먹는 게 아닐까. 돈 걱정 없이 마음껏 배불리 먹을 수 있는 삶. 그러면서도 건강을 해치지 않을 만큼 균형 잡힌 음식을 먹을 수 있는 삶. 혹시 잘 먹는다는 것이 곧 잘 산다는 것과 같은 말은 아닐까.

적어도 이곳에서는 먹는 것 때문에 스트레스를 받을 일이 없었다. 그리고 그게 내 마음을 이렇게 편안하게 만들어줄 줄은 몰랐다. '걱정 없이 배불리 잘 먹는 삶'. 잘 산다는 건 생각보다 단순한 일일지도 모른다고, 우붓에 머무는 내내 생각했다.

UBUD
최고의 바비굴링을 찾아서

 우붓에서의 둘째 날, 숙소 매니저와 다시 만났다. 얼굴에 살이 조금 붙은 것을 제외하면 그는 전과 다름없었다. 인사를 나누고 안부를 주고받으며 이야기를 나누다 보니, 2년 전의 일이 주마등처럼 스쳐 지나갔다. 그때 그가 우리를 도와주지 않았다면, 우리는 끝내 범인을 찾지 못했을지도 모른다. 만약 우리의 말을 외면하거나, 숙소에 더 오래 머물렀던 그들의 편을 들었다면, 우리는 깨진 아이패드 액정처럼 마음에 상처만 남긴 채 발리를 떠났을 것이다.

 다행히 그는 우리의 말을 믿었고, 그들이 아닌 우리 편에 섰다. 생각해 보니, 잃어버린 애플 펜슬을 찾겠다며 마치 수사관처럼 그들의 숙소를 샅샅이 뒤진 사람도 바로 그였다. 지금 돌아보면 참으로 고마운 일이었지만, 당시엔 정신이 없어 고맙다는 말조차 제대로 하지 못했다. 그때의 고마움을 다시 전할까 고민했지만, 말하지 않기로 했다. 굳이 좋지 않았던 과거의 일을 꺼내어 감사를 표현할 필요는 없다고 생각했기 때문이다. 이렇게 다시 만나 서로 웃으며 대화를 나누는 것만으로도 이미 충분히 고마운 일이니까.

 매니저는 인사를 나눈 뒤 내일은 어디로 갈 계획이냐고 물었다. 나는 숙소 근처에 있는 이부오카(Ibu Oka)에 바비굴링을 먹으러 갈 거라고 답했다. 바비굴링은 돼지를 통째로 구워, 바삭한 껍질과 고기를 발리 특유의 향신료와 함께 버무린 전통 음식이다. 한국에 있을 때도 종종 눈에 아른거릴 만큼, 발리에 다시 오면 가장 먼저 먹고 싶은 음식이었다. 바비굴링을 좋아한다는 우리의 말을 들은 그는 조금 의외라는 표정을 지었다.

 사실 우리도 바비굴링을 처음 접했을 땐, 호불호가 갈릴 음식이라고 생각했다. 통째로 구운 돼지의 모습에 기겁하는 사람도 있을 테고, 강한 향신료에 거부감을 느끼는 사람도 있을 것이다. 하지만 무난하고 익숙한 음식보다 현지식을 선호하고, 음식을 가리지 않는 우리에겐 바비굴링만큼 좋은 음식도 없었다.

그는 이부오카도 유명하지만, 진짜 현지인들만 찾는 최고의 바비굴링 식당이 따로 있다고 말했다. 다만 한 가지 문제가 있다고 덧붙였다. 그 식당은 새벽 5시에 문을 여는데, 구워 놓은 돼지가 모두 팔리는 순간 바로 문을 닫는다는 것이었다. 보통 두 시간이면 재료가 전부 소진된다고 했다. 두 가지 사실이 놀라웠다. 하나는 그 이른 새벽부터 식당을 찾는 사람들이 있다는 것, 또 하나는 사람들이 이른 시간부터 돼지고기를 먹는다는 것이었다. 해가 완전히 뜨기도 전일 텐데, 눈을 비비며 잠에서 덜 깬 상태로 바비굴링을 먹으러 가는 현지 주민들의 모습을 쉽게 상상할 수 없었다. 도대체 얼마나 특별한 맛이기에 사람들을 새벽부터 불러 모을 수 있는 걸까.

매니저는 맛이 아주 뛰어난 편은 아니지만, 오늘 당장 바비굴링을 먹고 싶다면 '퉁쿱(Tungkub)'이라는 곳도 괜찮다고 추천했다. 퉁쿱은 관광객들에게는 잘 알려지지 않은 푸드트럭인데, 보통 오전이나 점심에만 문을 여는 바비굴링 식당들과 달리 유일하게 저녁에도 영업한다고 했다. 지도를 확인해 보니 스쿠터로 10분이면 도착할 수 있는 거리였다. 지금 당장 가지 않을 이유가 없었다.

낮에 비해 훨씬 한산한 도로를 내비게이션을 따라 달리다 보니 오른쪽에 커다란 주차장이 나타났고, 한쪽엔 우리가 찾던 푸드트럭이 있었다. 푸드트럭 앞에는 바비굴링을 먹으려는 현지인들로 북적였다. 관광객은 우리뿐이었다. 이 시간에 바비굴링을 먹으러 온 우리가 신기했던지 사람들의 시선이 우릴 향했다. 대놓고 뚫어져라 쳐다보는 사람은 없었지만, 슬쩍슬쩍 힐끔거리는 시선이 느껴졌다. 한밤중 포장마차에서 홍어 삼합을 먹는 외국인을 서울에서 마주친다면, 나라도 힐끗거릴 수밖에 없을 것이다.

트럭 한가운데엔 커다란 돼지가 통째로 구워져 있었고, 그 아래엔 돼지기름에 버무려진 고기와 각종 채소, 향신료들이 놓여 있었다. 주문이 들어오면 대나무로 엮은 그릇 위에 기름종이를 깔고, 그 위에 흰 쌀밥과 고기, 각종 재료를 듬뿍 담아 내어줬다. 위생 상태는 그리 믿음직스럽진 않았지만, 다들 잘만 먹고 있는 걸 보니 '뭐, 괜찮겠지' 싶었다.

메뉴 구성은 간단했다. 바비굴링 스페셜, 그리고 바비굴링 레귤러. 가격은 스페셜이 고작 3천 원이었다. 당연히 스페셜을 주문한 우리는 음식을 받아 푸드트럭 옆에 있는 정자에 자리를 잡고 앉았다.

이번 여행에서의 첫 바비굴링 시식이었다. 기다리고 기다리던, 심지어 꿈에도 나왔던 바비굴링이었다. 다양한 재료 중에서 가장 먼저 돼지 껍질부터 집었다. 돼지 껍질은 바비굴링의 핵심이었다. 바삭하면서도 쫄깃한 식감이 일품인 부위였다. 그런데 큰 기대를 품고 껍질을 입에 넣는 순간, 실망스러운 소리가 먼저 나왔다.

"뭐야, 딱딱한데?"

이전 여행에서 먹었던 바비굴링이 내 기억 속에서 미화된 건지, 아니면 이곳의 바비굴링에 문제가 있는 건지 모르겠지만, 내가 알고 있던 바비굴링의 껍질이 아니었다. 짝꿍 역시 실망한 표정으로 딱딱한 껍질을 으득으득 씹고 있었다. 다음은 고기였다. 바삭한 껍질과는 정반대로 부드러운 식감이었다. 흔히 상상하는 돼지고기보다는 오히려 닭고기의 다리 살과 혼동될 만큼 부드러웠다.
"오, 이건 진짜 부드럽다. 근데 왜 이렇게 부드럽지?"
다행히도 고기는 맛이 괜찮았다. 돼지 껍질에서 느낀 실망감을 조금이나마 만회하는 맛이었다. 완벽하진 않았지만, 점점 희미해져 가던 바비굴링에 대한 추억을 되살리기엔 충분했다. 현지인들과 함께 정자에 앉아 푸드트럭에서 산 바비굴링을 먹고 있으니, 비로소 진짜 여행을 하고 있다는 기분이 들었다.

나는 관광지를 벗어나 현지인의 삶에 가까워질수록 비로소 여행하고 있다는 기분이 든다. 사람마다 여행의 목적은 다르겠지만, 적어도 나에게 여행이란 그런 것이다. 돈만 있으면 누구나 할 수 있는 여행보다는, 마음이 있어야만 할 수 있는 여행이 좋다. 차를 타고 쉽게 닿는 곳보다는 두 다리로 한참 걸어야만 만날 수 있는 장소가 더 끌린다. 그 누구의 발길도 닿지 않는 오지를 탐험할 만큼 대담한 사람은 아니지만, 관광객들의 시선이 닿지 않는 이런 곳을 찾아내는 일만으로도 내게는 충분히 즐거운 여행이다.

 재미난 분위기에 취해 나는 거의 그릇을 비웠지만, 짝꿍의 그릇엔 아직 절반이나 음식이 남아 있었다. 나만큼이나 바비굴링을 기대했던 짝꿍이었지만, 그녀의 숟가락은 더 이상 움직일 생각이 없어 보였다.
"이거 덜 익은 거 아닐까?"
 짝꿍이 젓가락으로 고기 한 점을 집어 내게 보여줬다. 슬쩍 보기엔 부드럽고 먹음직스러운 흰 살코기였다. 그런데 자세히 들여다보니 흰 살 속에 연한 분홍빛이 감돌고 있었다.
"에이, 설마."
 어디선가 돼지고기는 충분히 익어도 연한 분홍빛이 돌 수 있다는 말을 들은 적이 있다. 특히 천천히 조리했거나, 뼈에 가까운 부위일수록 그런 현상이 나타날 수 있다고 했다. 하지만 바비굴링의 정확한 조리법을 모르는 우리는, 이 고기가 원래 이 정도로 익는 건지, 아니면 정말 덜 익은 건지 확신할 수 없었다.
 내 그릇에 남은 고기 몇 점의 상태도 다시 살펴봤다. 어떤 건 괜찮아 보였지만, 어떤 고기는 분명히 분홍빛을 띠고 있었다. 느낌이 좋지 않았다. 예전에 멕시코 여행에서 날생선을 먹고 크게 탈이 난 이후로, 날것에 대한 경계심이 생겼다. 웬만해선 음식을 남기지 않는 우리였지만, 혹시 모를 상황에 대비해 결국 고기를 조금 남긴 채 자리를 떴다.

"좀 아쉽네."

짝꿍이 말했다. 나도 같은 마음이었다. 기대가 컸기에 실망감도 그만큼 컸다.

"그래도 급하게 온 곳이잖아. 우붓에 있는 동안 바비굴링 맛집은 다 찾아다녀 보자."

짧은 여행에선 잘못된 선택 하나가 큰 후회로 남지만, 긴 여행에서는 이런 작은 실수조차 나중에 돌이켜 보면 재미난 추억이 된다. 다음 기회가 있기 때문이다. 이곳이 아니면 저곳으로 가면 되고, 오늘이 아니면 내일을 기약하면 되니까. 다행히 우리에겐 아직 일주일이나 남아 있었다.

우리는 그 후 일주일 동안 바비굴링 식당을 네 곳이나

더 찾았다. 바비굴링을 먹기 위해 우붓에 온 건 아니었지만, 어쩌다 보니 우리의 우붓 여행 테마는 '최고의 바비굴링을 찾아서'가 되어버렸다. 하지만 이전 여행에서 받았던 강렬한 인상을 다시 느끼게 해줄 바비굴링은 좀처럼 만나기 어려웠다.

우리가 맛집을 선정하는 기준은 간단하다. '다음에 또 기꺼이 방문할 것인가, 아닌가.' 당장은 맛있게 먹었더라도 식당 문을 나선 순간 다시 생각나지 않는다면, 우리 기준에선 맛집이 아니다. 음식 맛에 흠잡을 데가 없더라도, 음식과 어울리지 않는 가격 때문에 다음에 또 지갑을 열기 망설여진다면 역시 맛집이 아니다. '다음에도 꼭 다시 오고 싶은 식당.' 간단한 기준임에도 불구하고, 그런 바비굴링 식당을 찾는 건 쉽지 않았다.

세계적인 셰프 앤서니 보데인이 방문해 '세계 최고의 돼지고기 요리 중 하나'라고 극찬했던 유명 식당 이부 오카(Ibu Oka)도 기대만큼 인상적이지 않았다. 맛은 분명 괜찮았지만, 다른 곳보다 두 배 가까이 비싼 가격은 선뜻 납득하기 어려웠다.

우붓 옆 동네인 기안야르 지역의 판데 에기(Pande Egi)도 마찬가지였다. 아직은 관광객보다 현지인이 더 많이 찾는 곳이고, 진정한 바비굴링을 맛보려면 판데 에기에 가야 한다는 현지인의 추천도 있었지만, 맛의 균일성이 아쉬웠다. 처음 방문했을 땐 '드디어 찾았다'는 느낌이었다. 우리가 기대했던 커다란 돼지 껍질을 제공하는 메뉴는 없었지만, 고기의 부드러움, 다양한 돼지 부속 부위, 적절한 향신료 등 모든 것이 완벽에 가까웠다. 하지만 두 번째 방문했을 때는 정반대였다. 돼지 껍질은 딱딱했고, 고기는 질겼다. 같은 식당에서 같은 메뉴를 먹고 있다고는 믿기 힘들 정도로 맛의 차이가 컸다.

지난 여행 때, 폭포에 다녀오다 우연히 들렀던 바비굴링 식당도 다시 찾았다. 그때 너무 맛있게 먹었던 기억이 강렬하게 남아 있어서 이번에도 큰 기대를 품고 방문했지만, 이곳 역시 기대를 저버렸다. 우리가 너무 늦게 간 것도 문제였다. 대부분의 바비굴링 식당은 이른 아침부터 문을 여는데, 돼지의 주요 부위는 일찍 온 손님부터 차례로 제공된다. 가장 먼저 돼지 코가 나가고, 그다음은 귀,

이어서 큼직한 돼지 껍질이 나온다. 조금만 늦어도 순살과 몇몇 부속 부위만 남는데, 이 부분만 먹는 건 마치 바삭한 치킨의 껍질을 다 벗겨내고 순살만 먹는 것과 같다.

점심 무렵에 도착한 우리는 제대로 된 돼지 껍질을 먹을 수 없었다. 주요 부위는 이미 다 팔려 나갔고, 남은 건 순살뿐이었다. 거의 매일 바비굴링을 먹다 보니, 한국인 입맛엔 다소 강하게 느껴지는 향신료도 물리기 시작했고, 반복되는 실망감에 점점 지쳐갔다.

그럼에도 우리는 포기하지 않았다. 왜 이렇게까지 바비굴링에 집착하는지 나 자신도 알 수 없었지만, 그냥 '음' 하고 넘기는 맛이 아니라, '와' 하는 감탄이 절로 나오는 바비굴링을 꼭 한번 만나고 싶었다.

한 끼의 식사만으로도 다시 발리행 항공편을 끊고 싶어질 만큼 기억에 남을 바비굴링. 우리는 그 한 끼를 찾아 계속 걸었다. 이제 갈 만한 곳은 거의 다 가봤고, 마지막으로 한 곳이 남아 있었다. 바로 숙소 매니저가 추천해 준 식당, 부 데삭 사팟(Bu Desak Sapat)이었다.

아직 해가 완전히 뜨지 않은 이른 새벽, 우리는 졸린 눈을 비비며 일어나 모자로 잠의 흔적을 가린 채 스쿠터에 올라탔다. 새벽 5시에 문을 여는 바비굴링 식당, 부 데삭 사팟(Bu Desak Sapat)에 가기 위해서였다. 평소 같으면 아침 식사는커녕, 잠에서 완전히 깨지도 않았을 시간이었다. 그런 우리가 이른 아침부터 고기를 먹으러 나선 건, 새벽 5시부터 사람들이 몰린다는 이야기에 생긴 호기심, 그리고 이번 여행 안에 '인생 바비굴링'을 꼭 만나겠다는 오기 때문이었다.

새벽의 우붓은 한산했다. 관광객과 차량으로 막히던 도로는 뻥 뚫려 있었고, 낮이면 외국인들로 북적이던 거리는 아침 장을 보러 나온 현지인들과 물건을 팔러 나온 상인들로 활기가 넘쳤다. 바비굴링 덕분에 만날 수 있는 우붓의 또 다른 얼굴이었다. 식당까지는 단 15분밖에 걸리지 않았다. 평소 같았으면 교통 체증 때문에 최소 20분은 더 걸렸을 거리였다.

우리가 도착한 시간은 오전 6시. 식당은 정말로 문을 열고 있었고, 식당 앞에는 이미 여러 대의 스쿠터가 주차돼 있었다. 허름한 주방 한편에서는 커다란 돼지가 통째로 구워져 있었고, 벌써 중요한 부위들은 꽤 뜯겨 나간 상태였다. 가장 중요한 부위인 돼지 껍질이 다 떨어졌을까 봐 우리는 서둘러 메뉴를 확인했다.

메뉴는 단출했다. 손바닥만 한 돼지 껍질이 나오는 기본 메뉴, 그리고 얼굴만 한 크기의 큰 돼지 껍질이 나오는 스페셜 메뉴. 당연히 우리는 스페셜 메뉴를 선택했다. 다행히 아직 재고가 있었다. 아마도 우리가 이 메뉴를 주문할 수 있는 마지막 손님이 아니었을까 싶었다.

"그 식당엔 뭔가가 있어. 뭔가 특별한 게 있다니까. 꼭 가봐. 새벽 5시에 일어날 자신만 있다면 말이지."

매니저의 말이 떠올랐다. 아마 그는 우리가 정말로 갈 거라고는 생각하지 않았을지도 모른다. 하지만 우리는 마침내 여기에 왔고, 우리 앞에는 다른 바비굴링 식당에서 봤던 것과 크게 다르지 않은 비주얼의 바비굴링이 놓여 있었다.

큰 기대감을 안고 커다란 돼지 껍질을 포크로 쪼개어 입안에 넣었다. 바삭한 껍질이 경쾌하게 부서지며 입안 가득 퍼졌다. 고소하고 짭짤한 맛에 바삭함과 쫄깃함까지 완벽하게 어우러졌다. 매니저의 말대로, 확실히 뭔가 달랐다. 흰 쌀밥과 고기는 촉촉하고 부드러웠다. 다만 향신료의 간은 철저히 현지인 입맛에 맞춰져 있어, 우리에겐 다소 매웠다. 나보다 매운 것을 조금 더 잘 먹는 짝꿍의 그릇엔 향신료가 더 많이 들어갔는지, 바비굴링을 먹는 내내 그녀의 얼굴이 빨갛게 달아올랐다. 불이 붙은 혀를 달래가며 그릇을 다 비우고 나자, 비로소 제대로 된 아침이 찾아왔다.

동네 사람들은 하나둘 집을 나서며 대문 앞에 짜낭사리를 놓았고, 닫혀 있던 가게 문도 하나씩 열리기 시작했다. 우리가 식사하는 동안에도 식당엔 계속해서 손님들이 드나들었다. 누군가는 식당에서 아침을 먹었고, 누군가는 음식을 포장해 집으로 가져갔다. 우리가 식사를 마치고 자리에서 일어났을 땐, 돼지 껍질이 이미 다 팔린 듯했다. 남은 건 흰 속살만 드러낸 채 조금 안쓰러운 모습으로 다음 손님을 기다리고 있는 돼지뿐이었다.

"어땠어?"

식사를 마친 나는 짝꿍에게 물었다. 사실 굳이 묻지 않고 짝꿍의 표정만 봐도 알 수 있었다. 정말 맛있는 음식을 먹었을 땐, 그 맛을 표현하는 데 주저함이 없는 사람이니까.

"확실히 껍질은 맛있었는데, 내 입맛엔 너무 매웠어."

짝꿍은 아쉬움을 에둘러 말했다. 나 역시 완전히 만족한 건 아니었다. 바삭하면서도 쫄깃했던 돼지 껍질을 제외하면, 향신료가 너무 강해 온전히 맛에 집중하기 어려웠다. 판데 에기 식당의 부드러운 밥과 고기 위에 이곳의 완벽한 껍질만 얹을 수 있다면, 비로소 우리가 찾던 최고의 바비굴링이 되었을 텐데.

결국 '최고의 바비굴링을 찾아서'라는 여정은 완벽한 바비굴링을 찾지 못한 채 마무리됐다. 지난 발리 여행에서 단 한 번 맛본 이후로 줄곧 기다려왔던 음식이었다. 그래서 우붓에 도착하자마자 바비굴링 식당을 찾았고, 무려 다섯 군데를 돌아다니며 먹고 또 먹었지만, 나의 기대를 완벽하게 충족시켜 준 식당은 어디에도 없었다.

그런데 시간이 흘러 돌이켜 보니, 바비굴링을 먹었던 순간이 아니라, 최고의 바비굴링을 찾겠다며 돌아다녔던 과정이 진하게 남는다. 아침잠을 털고 새벽 어스름 속을 달려가던 길, 향신료에 울고 웃으며 나눴던 식탁 위의 대화, 식당을 찾아가는 골목길에서 마주했던 새로운 풍경까지.

우리는 단지 음식을 찾아다닌 게 아니었는지도 모른다. 식당을 찾아 떠난 길 위에서 예상치 못한 재미를 만났고, 기대와 실망 사이에서 웃음을 나눴으며, 함께한 그 시간 속에서 여행의 즐거움을 느꼈다. 그렇게 쌓인 모든 순간은, 결국 우리 마음속에 바비굴링보다 훨씬 더 깊고 진한 추억으로 남았다.

CEGENG
하루만에 틀어진 계획

 우붓에서 특별한 일을 하지는 않았다. 관광이라고 부를 만한 일이라곤, 관광객들이 많이 찾는 뜨갈랄랑 계단식 논을 방문한 게 전부였다. 이마저도 계획하고 간 것은 아니었다. 바비굴링 식당인 부 데삭 사팟 근처라, 식사를 마치고 소화를 시킬 겸 잠깐 들른 것뿐이었다.
 우붓에서도 비는 멈추지 않았다. 아침에 눈을 뜨면 가장 먼저 비가 오는지를 확인했다. 비가 오고 있으면 침대에 누워 빗방울 떨어지는 소리를 감상하다가, 비가 그칠 즈음 우리가 좋아하는 식당으로 향해 건강한 식사를 했다. 그러고는 직접 만든 아몬드 우유로 내린 아몬드 라테가 일품인 'BGS CAFE'에 가거나, 인도네시아 커피 원두가 이토록 다채로운 맛을 낼 수 있다는 걸 알려준 'Ubud

Coffee Roasters'에서 여유롭게 커피를 마셨다.

저녁이 되면 어딜 갈지 고민하다가, 우연히 발견한 'Seka Sari Kitchen'에서 뒤늦게 발견한 걸 후회할 정도로 맛있는 식사를 마쳤다. 아침에 눈을 떴을 때 운 좋게 비가 오지 않는다면, 스쿠터를 타고 30분 정도 떨어진 기안야르 지역으로 달려가곤 했다. 한 번은 완벽했고, 또 한 번은 아쉬웠던 판데 에기에서 바비굴링을 먹고 나서, 근처에 있는 디저트 가게 'Sejak 1980'에 들러 클레폰(Klepon)을 먹었다. 클레폰은 우리나라의 꿀떡과 비슷한 듯하면서도 식감은 훨씬 더 쫄깃하고, 속에는 꿀 대신 달콤한 코코넛 시럽이 들어 있는 인도네시아의 대표적인 디저트다.

먹고, 마시고, 쉬었다가 다시 먹고, 마시고. 그저 먹고 마시기 위해 꽤 먼 거리를 이동하긴 했지만, 이것이야말로 제대로 된 휴양이었다. 물론 다른 사람들의 기준으로는, 관광객의 발길이 잘 닿지 않는 구석구석의 식당과 디저트 가게를 찾아다니는 일이 하나의 모험처럼 보일지도 모르겠다.

'우리나라 물가가 이 정도라면 얼마나 좋을까. 식당에 가서 메뉴를 볼 때 가격을 신경 쓰지 않고 음식을 고를 수 있을 만큼 저렴하다면, 그리고 그 저렴한 가격에 비해 언제 어디서나 맛있고 균형 잡힌 음식이 나온다면 참 살기 좋을 텐데.' 우붓에 머무는 내내 이런 생각을 했다.

서울에서는 내일 뭘 먹을지 매일 고민했지만, 이곳에서는 내일 뭘 먹을지 매일 기대했다. 고민보다는 기대가 가득한 하루하루였다. 그래서였을까. 우붓에서의 시간은 유난히 빠르게 흘러갔다.

숙소를 떠나는 날, 로비에 잠시 맡겨둔 짐 위에 작은 종이봉투 하나가 놓여 있었다. 다른 투숙객이 잠시 올려놓고 간 건가 싶어 어리둥절해하고 있는데, 매일 우리 방을 정성스럽게 청소해 주시던 아주머니가 조용히 뒤쪽을 가리켰다. 고개를 돌리자, 매니저가 팬티 바람으로 허둥지둥 달려 나오고 있었다. 이게 뭐냐고 묻자, 그는 멋쩍은 웃음을 지으며 우리에게 주는 선물이라 말했다.

종이봉투 안에는 향긋한 커피와 카모마일 티가 담겨 있

었다. 뜻밖의 선물에 따뜻한 마음이 전해졌고, 아무것도 준비하지 못한 미안함이 동시에 밀려왔다. 그저 고맙다는 말만 되풀이하고 있는 나에게 매니저가 말했다.

"아니야, 주원. 내가 더 고마워. 네가 다시 여기 예약해 준 순간부터 고마웠어. 우리를 또 한 번 선택해 줘서 정말 고마워."

가슴이 뭉클했다. 바보처럼, 고맙다는 말밖엔 달리 할 말을 찾지 못했다. 2년 전, 니르와 카르마 숙소에서 있었던 사건은 이미 우리에겐 재미있는 추억이 되어 있었다. 그리고 2년이 지난 지금, "다시 찾아줘서 고마워"라고 말하는 매니저의 말을 듣는 순간, 그 사건마저 고마운 기억으로 다시 쓰이고 있었다. 문득 생각했다. 그때 그 일이 없었다면, 지금 우리가 느끼는 이 따뜻한 마음을 경험할 수 있었을까. 저 멀리 유럽에서 신혼여행 온 부부에게 숙소를 털렸던 사건을 고마워하게 될 줄, 누가 상상이나 했겠는가. 매니저의 작은 선물에 감격해 정신없이 숙소를 나서려던 찰나, 짝꿍이 말했다.

"사진. 같이 찍은 사진이라도 남겨야지."

팬티 차림으로 급히 나온 매니저는 난감한 듯 멋쩍은 웃음을 짓더니 내 옆에 서서 말했다.

"상체만 잘 부탁해."

그 말을 들은 나는 박장대소했고, 그렇게 또 하나의 사진이 남았다. 또 하나의, 평생 잊지 못할 순간이 가슴에 새겨졌다.

다음 지역으로 이동하기 위해 택시를 타고 혼잡한 우붓의 중심 거리를 빠져나오는데, 이번엔 이상하리만치 아쉽지 않았다. 이전 여행에서는 자꾸 뒤를 돌아보게 됐는데, 이번엔 아니었다.

"곧 다시 올 거니까."

제대로 작동하지 않는 택시의 에어컨 때문에 땀을 뻘뻘 흘리던 짝꿍이 말했다. 나도 끄덕이며 맞장구를 쳤다.

"맞아, 다시 올 거니까."

정확히 언제가 될지는 알 수 없지만, 우리는 다시 발리, 특히 우붓에 오게 되리라는 예감이 들었다. 아니, 예감이라기보단 확신에 가까웠다. 낮에는 사람들과 차들로 혼잡하지만, 밤이면 사방이 고요해지는 곳. 매일 밤 두꺼비와 풀벌레 소리에 잠드는 곳. 배불리 먹어도 속이 더부룩하지 않은 음식으로 가득한 곳. 무엇보다도 우릴 반겨줄 사람이 있는 곳. 우붓엔 우리의 추억이 있고, 우리를 기다려줄 사람이 있었다.

이제 우붓은 우리에게 제2의 고향이나 마찬가지였다. 명절이나 연휴에 고향에 들렀다가 떠날 때 아쉬움이 덜한 이유는, 다음이 있다는 걸 알기 때문이다. 우붓도 마찬가지였다. 우리는 다시 올 테니까. 그때가 되면 또다시 반가운 얼굴들과 마주하고, 새로운 추억을 한 장 더 덧붙이게 될 테니까.

시데멘(Sidemen). 우리의 다음 목적지였다. 다음에 어딜 가냐고 묻는 사장님에게 우리가 시데멘에 간다고 하자, 그는 시데멘이 자신의 고향이라며 반가워했지만, 한편으론 그곳엔 딱히 할 만한 게 없다며 일주일이나 머물겠다는 우리를 걱정했다.

우리는 괜찮다고 했다. 아무것도 하지 않고, 오직 숙소에 머물며 자연을 감상하는 것이 우리의 계획이라고 말했다. 관광객은 물론 현지인조차도 거의 찾지 않는 지역으로 가는 건 우리에게도 일종의 도전이었다. 특히 좁은 공간에 갇혀 있는 걸 누구보다 싫어하는 나에게는 더 큰 도전이었다. 걱정이 앞섰지만, 한번 도전해 보기로 했다. 여행의 본질은 모험 아닌가. 평소라면 절대로 하지 않을 일을 해 보는 것이야말로 내가 생각하는 진짜 모험이었다. 우리는 평소라면 손사래 쳤을 고립을 자발적으로 택했다.

이런 모험도 괜찮겠다 싶었던 건, 숙소의 영향이 컸다. 우연히 발견한 숙소는 시데멘에서 30분쯤 떨어진, 정확히 말하자면 세겡(Cegeng)이라는 작은 마을에 있었다. 숙소의 문을 열고 발코니로 나서면 야자수와 이름 모를 식물들이 빼곡히 들어찬 정글이 펼쳐져 있고, 그 옆으로는 아궁산이 보이는 곳이었다. 이 정도의 풍경이라면 굳이 어딘가로 이동하지 않고, 숙소 안에서만 일주일을 보낼 수 있겠다고 생각했다.

숙소 예약 사이트에 올라온 사진은 그야말로 환상적이었다. 사진보다 더 멋진 현실이 기다리고 있을지도 모른다는 기대감, 그리고 그곳에서 보낼 일주일이 우리에게 어떤 경험을 선사할지에 대한 설렘으로 가슴이 벅찰 정도였다.

우붓에서 한 시간 정도를 달리자, 마침내 숙소가 모습을 드러냈다. 예상했던 것보다도 훨씬 외진 곳에 있었다. '이쯤이면 충분히 외진 거 아니야?' 싶었던 지점을 지나, 도로가 끝나는 지점까지 더 들어가야 했다. 택시 기사조차 난생처음 와보는 길이라며 어리둥절한 얼굴을 했다. 내비게이션은 위치를 제대로 잡지 못해 방향을 계속 바꿨고, 결국 지도를 직접 확인하며 길을 찾아야 했다.

숙소의 주인은 발리에서 흔한 이름인 '꼬망'이었다. 꼬망은 우리가 택시에서 내리자 환한 얼굴로 달려 나와 우릴 반갑게 맞았다. 무거운 짐을 하나하나 택시에서 내려주고는, 미로처럼 얽힌 골목을 지나 숙소까지 우리를 직접 안내했다.

숙소에 짐을 내려놓은 나는 곧장 사진으로만 보던 발코니에 섰다. 그리고 눈앞에 펼쳐진 풍경을 마주하는 순간, 나는 말을 잃고 말았다. 사진으로 미리 봤던 이미지와는 비교조차 할 수 없을 만큼 실제 풍경은 아름답고도 생생했다. 그 장면을 뭐라고 표현해야 할까. 마치 윈도우 바탕화면으로 쓰일 법한 자연의 한 장면 같기도 했고, 〈아바타〉에서 본 신비로운 자연처럼 느껴지기도 했다. 짙은 녹색 나무들이 층층이 겹쳐진 정글이 펼쳐져 있었고, 그 사이사이로는 야자수와 이름 모를 식물들이 빽빽이 솟아 있었다. 그 뒤편으로는 회색빛 실루엣을 드리운 산 능선이 부드럽게 이어져 있었고, 왼쪽에는 구름이 절반쯤 덮고 있는 아궁산이 위엄 있게 모습을 드러내고 있었다.

내가 연신 감탄을 쏟아내자, 꼬망은 자신이 직접 지은 집이라며 숙소를 자랑스럽게 소개했다. 그는 내 칭찬에 기분이 좋았는지 내친김에 정원까지 안내했다. 정원 한쪽에는 레몬그라스가 자라고 있었고, 이름은 기억나지 않지만, 발리 요리에 자주 쓰이는 다양한 식물들도 눈에 띄었다. 낯설지만 어디선가 본 듯한 식물도 있었고, 뜬금없이 파인애플이 자라고 있기도 했다. 나는 농담 삼아, 장 보러 갈 필요 없이 정원에 있는 걸 따서 요리하면 되겠다고 말했다. 그러자 꼬망은 웃으며, 실제로 그렇게 하고 있다고 답했다. 그리고는 직접 지은 집과 직접 가꾼 정원을 칭찬

하는 내 말에 기분이 좋아졌는지, 내일 여기서 자란 레몬그라스로 차를 끓여 내주겠다며 밝게 웃었다.

숙소에서 보이는 풍경은 상상 이상으로 환상적이었고, 숙소의 주인은 기대 이상으로 친절했다. 유일한 단점이 있다면 에어컨이 없다는 것이었지만, 이미 알고 있었던 사실이었기에 문제 되지 않았다. 오히려 이런 자연 속에 에어컨이 있다는 게 이상하게 여겨질 정도였다. 숙소에 도착한 지 채 30분도 되지 않았지만, 나는 확신할 수 있었다. 이곳에서 보내게 될 일주일이 이번 발리 여행의 가장 찬란한 하이라이트가 될 거라는 것을.

짐을 정리하고 발코니에 앉아 아무리 봐도 믿기 힘든 풍경을 감상하고 있는데, 꼬망이 망고 주스를 들고 와 웰컴 드링크라며 내밀었다. 그러고는 조심스럽게 말을 꺼냈다.

"주원, 미리 이야기 못 한 게 있어요. 수도 문제예요. 지금 여기뿐 아니라 시데멘 전체에 문제가 좀 있어요. 물이 잘 안 나오고 수압이 약해요. 샤워하고 싶을 땐 저한테 문자 주세요. 펌프를 작동시키면 수압이 세질 거예요. 그거 말곤 아무 문제 없어요."

전혀 예상치 못했던 복병이었다. 이곳에서의 일주일이 이번 여행의 하이라이트가 될 거라고 자신한 지 채 10분도 지나지 않았지만, 나는 직감했다.

'일주일이 마냥 평탄하지만은 않겠구나.'

꼬망이 돌아가자마자 화장실로 달려가 세면대부터 확인했다. 샤워는커녕, 세수조차 쉽지 않을 만큼 수압이 약했다. 결과가 뻔히 보이지만 혹시나 하는 마음에 샤워기의 수압도 확인했다. 커다란 해바라기 샤워기의 작은 구멍 사이로, 그보다 더 작은 물방울이 간신히 졸졸 흘러나올 뿐이었다. 꼬망의 말대로 펌프를 작동하지 않으면 물을 제대로 쓰는 건 사실상 불가능했다.

문득 걱정이 밀려왔다. '매일 아침 달리기를 할 생각이었는데, 그때마다 꼬망에게 문자를 보내야 하나? 문자를 보낸다고 바로 답이 오는 것도 아닐 텐데, 최소 10분 전엔 보내야겠지. 게다가 우리가 늦은 밤에 숙소로 돌아오면 꼬망은 이미 자고 있을 텐데. 자는 사람을 깨워야 하는 걸까?' 벌써 눈치가 보이기 시작했다.

꼬망은 수도 문제 외엔 아무 문제도 없다며 해맑게 웃고 돌아갔지만, 모든 문제를 합친 것만큼이나 수도 문제는 중대한 문제였다. 꼬망의 말 한마디에 얼굴빛이 어두워진 나와 짝꿍은 그래도 최대한 적응해 보자며 서로를 다독였다.

아침 일찍 우붓을 떠나느라 점심을 제대로 먹지 못한 우리는, 날이 어두워지기 전에 서둘러 숙소를 나와 시데멘 마을로 향했다. 숙소에서 시데멘 마을까지 가는 길의 풍경은 숙소 앞 풍경만큼이나 이색적이었다. 왼편에는 아궁 산을 배경으로 빽빽한 숲이 이어졌고, 오른편에는 광활한 논이 드넓게 펼쳐져 있었다. 마을 주민들은 친절해 보였다. 이곳까지 찾아온 우리가 신기한지 무뚝뚝한 얼굴로 힐끔 쳐다보다가도, 우리와 눈이 마주치면 언제 그랬냐는 듯 순박한 미소로 인사했다.

"그래도 역시 풍경 하나는 정말 끝내준다. 여기 사람들도 다 친절한 것 같고."

수도 문제가 여전히 마음 한구석에 걸렸지만, 짝꿍까지 걱정하게 만들고 싶지 않았다. 일부러 더 밝은 말투로 이곳의 긍정적인 면을 이야기하다 보니, 어느새 시데멘 마을에 도착해 있었다.

우붓과 비교하면 시데멘은 아주 작은 마을이었다. 관광객이 간혹 보이긴 했지만, 대부분은 현지인이었다. 어딜 가든 우리가 관심의 대상이 됐다. 아닌 척하지만 여기저기서 힐끔거리는 시선이 느껴졌다. 다른 지역들과는 달리 조금은 부담스러울 정도의 관심이었다.

배가 고팠던 우리는 적당한 식당에 들어가, 적당한 맛의 음식을 먹고, 우붓의 물가에 익숙해진 우리 기준으로는 조금 비싼 값을 치렀다. 환상적인 노을이 하늘을 온통 주홍빛으로 물들일 즈음, 우리는 숙소로 돌아가는 길에 올랐다.

노을은 생각보다 빨리 사라졌고, 하늘은 금세 어두워졌다. 이런 시골에서 가로등은 사치였다. 나는 스쿠터의 희미한 전조등 불빛에 의지한 채 최대한 조심히 운전했다. 도로 상태도 좋지 않아, 조금만 방심해도 움푹 파인 길 위에서 스쿠터가 휘청거릴 수 있었다.

문제는 도로뿐만이 아니었다. 아메드에서도 본 적 있는, 유난히 통통하고 징그러운 흰개미들이 전조등 불빛을 향해 몰려들기 시작했다. 벌레로부터 눈을 보호하려고 헬멧의 바이저를 내렸지만, 흐릿한 시야 탓에 곧 다시 올려야 했다. 그 순간, 흰개미 한 마리가 눈두덩이를 세차게 때리고 떨어졌다. 바이저를 내리면 앞이 잘 보이지 않고, 올리면 흰개미의 습격이 이어졌다. 결국 나는 눈을 최대한 감고, 실눈을 뜬 채 조심스럽게 운전을 이어갔다. 올 때는 짧게 느껴졌던 20분이 돌아갈 땐 왜 그리 길게만 느껴지던지. 혹시 내가 길을 잘못 들었나 싶어 내비게이션을 다시 확인했지만, 단지 심리적인 거리감이 커졌을 뿐 길은 맞았다.

숙소에 가까워질수록 도로 상태는 더 나빠졌다. 마을의 불빛이 하나둘 사라지자, 도로는 점점 어두워졌고, 어둠 때문인지 도로 위에서 마주치는 사람들도 왠지 위협적으로 느껴졌다. 어두운 골목에서 희미한 불빛이 깜빡여 고개를 돌려 보면, 젊은 청년들이 둘러앉아 담배를 피우고 있었고, 언뜻 보기에도 아직 성인이 되지 않은 청소년들이 요란하게 개조한 오토바이를 타고 도로를 질주했다. 짝꿍을 뒤에 태운 채, 낯설고 어두운 길을 최대한 조심스레 달리는 동안 내 모든 신경은 날카롭게 곤두서 있었다.

'젠장, 숙소는 왜 이렇게 먼 거야.'

속으로 불평하고 있던 그때, 저 멀리 숙소의 불빛이 희미하게 보이기 시작했다.

'조금만 더 가면 돼. 곧 안전한 숙소야.'

그 생각에 안도하며 속도를 조금 더 높인 순간, 어디선가 낯선 목소리가 들려왔다.

"헬로."

처음엔 잘못 들은 건가 싶어 무시하고 달렸지만, 다시 한번 분명하게 들려왔다.

"헬로."

깜짝 놀라 옆을 돌아보니 오토바이 한 대가 내 옆에 바짝 붙어 있었다. 어두워서 얼굴도 제대로 보이지 않았지만, 본능적으로 위협을 감지한 나는 그의 말을 무시한 채 운전에 집중했다. 하지만 그는 계속 옆에 붙어 다시 물었다.

"세겡 레스타리 가?"

우리 숙소의 이름이었다. 밝은 대낮이었다면 이렇게까

지 경계하진 않았을 텐데, 주변에 아무도 없는 어두운 밤이었기에 모든 게 위협적으로 느껴졌다.

"무슨 일이죠?"

나는 스쿠터를 멈추지 않은 채 되물었다. 그가 뭐라고 답하긴 했지만, 시끄러운 오토바이 소리와 부정확한 발음 때문에 도저히 알아들을 수가 없었다. 나는 그의 말을 무시한 채 속도를 높여 스쿠터를 몰았다. 그러자 뒤로 처진 그는 여전히 알아들을 수 없는 말을 큰 소리로 외쳤다. 내가 무시하고 지나쳤다고 욕하는 건지, 그럴 확률은 없지만, 우리에게 진지하게 할 말이 있었던 건지 알 길은 없었다. 그저 이 불안한 상황에서 벗어나 빨리 숙소에 도착해야겠다는 생각뿐이었다.

마침내 숙소 앞에 도착하자, 맞은편 상점에 있던 청년들이 담배를 피우며 우리에게 인사를 건넸다. 평소라면 나도 활짝 웃으며 반갑게 인사했겠지만, 지금은 그럴 여유가 없었다. 위험한 상황을 최대한 만들지 않기 위해 그들의 인사를 일부러 무시하고, 스쿠터 시동을 끄자마자 급히 숙소 안으로 들어갔다.

나는 모험을 좋아하는 것이지, 위험을 좋아하는 것은 아니었다. 게다가 나 혼자도 아니고, 짝꿍과 함께였다. 보호해야 할 사람이 하나 더 생기면 모든 행동이 더 조심스러워지기 마련이다.

숙소에 도착한 우리는 어안이 벙벙한 상태로 방금 있었던 일을 서로 이야기했다. 그들의 언어를 모르기에 섣불리 단정 지을 수는 없었지만, 본능적으로 위협적인 상황이었다는 점에서는 둘 다 의견이 일치했다. 꼬망에게 당장이라도 물어보고 싶은 게 많았지만, 이미 늦은 시각이었다. 내일 일어나자마자 혹시나 우리가 마을에서 조심해야 할 사항이 있는지, 또 방금 겪었던 일은 도대체 무슨 상황이었는지 그에게 묻기로 했다. 오늘 하루는 유난히 길고 고되게 느껴졌다. 빨리 씻고 눕고 싶은 생각밖에 없었다. 그때, 화장실에 들어간 짝꿍이 갑자기 비명을 질렀다.

"으아아아아!"

"무슨 일이야?"

급히 화장실로 뛰어 들어간 나 역시 나지막한 비명을 질렀다. 화장실의 조명을 향해 흰개미들이 무차별적으로 몸을 던지고 있었다. 바닥과 세면대 위에는 이미 죽어 있는 흰개미 수십 마리가 깔려 있었고, 셀 수도 없이 많은 벌레가 여전히 불빛을 향해 날아들고 있었다.

대체 어디서 들어온 걸까. 원인은 어렵지 않게 찾을 수 있었다. 환기를 위해서였는지, 디자인적 이유였는지 몰라도, 세면대가 있는 벽 위쪽에는 사람이 넘나들 수 있을 만큼의 커다란 틈이 있었다. 이 집을 직접 지었다던 꼬망의 치명적인 판단 착오였다.

일단 벌레들이 방 안까지 침투하지 못하도록 화장실 문을 닫고, 바닥에 이미 생을 마감한 흰개미 사체들을 휴지로 치우기 시작했다. 유독 통통한 녀석들이라 휴지를 겹겹이 사용했는데도 손끝에 그들의 축축한 촉감이 생생히 전해졌다. 세면대 위에도 사체들이 잔뜩 쌓여 있었다. 휴지를 최대한 두껍게 말아 집어내는데도 젖은 휴지엔 구멍이 뚫렸고, 그 사이로 축축한 흰개미 사체들이 얼굴을 내밀었다.

'아, 이건 정말 아닌데.'

우리가 이곳에서 일주일이나 지낼 수 있을지 자신이 없었다. 숙소에 도착했을 때만 해도 기대가 넘쳤지만, 반나절도 채 지나지 않아 그 기대는 급격히 기울고 있었다. 대강 수습을 끝낸 나는 하루의 피로와 찝찝함을 씻어내기 위해 샤워기를 틀었다. 쓸데없이 거대한 해바라기 샤워기에서 약한 물줄기가 겨우 졸졸 흘러나왔다. 수도 문제가 있다는 사실을 깜빡하고 있었다. 급히 밖으로 나와 꼬망에게 문자를 보냈다.

"지금 샤워하려고요."

 답장은 오지 않았다. 전화를 걸었지만 받지 않았다. 꼬망의 숙소로 직접 찾아가야 하나 고민하던 찰나, 그의 답장이 도착했다.

"지금 물 쓸 수 있어요."

 수압은 조금 세졌지만 충분하진 않았다. 나는 어떻게든 샤워를 마쳤지만, 바로 뒤이어 들어간 짝꿍은 수압이 더 약해졌는지 힘들었다고 했다. 샤워를 했는데도 몸은 여전히 후덥지근했고, 하루 종일 긴장해서인지 마음도 개운하지 않았다. 도로에서 만난 낯선 남자 때문인지, 여전히 날

아다니는 흰개미 때문인지 모르겠지만, 불쾌한 기분이 쉽게 가시지 않았다. 더워서 문을 활짝 열고 자고 싶었지만, 불안감에 결국 모든 문을 닫고 누웠다. 그래도 잔뜩 쌓인 피로 덕분인지, 얼마 지나지 않아 깊은 잠에 빠졌다.

"진짜 이건 안 되겠는데."

다음 날 아침, 샤워기의 물을 튼 짝꿍이 말했다. 무슨 일인지 확인하기 위해 화장실에 들어간 나 역시 같은 생각이 들었다. 세면대 아래에는 흙이 가라앉아 있었고, 물 위에는 녹조처럼 보이는 부유물이 둥둥 떠 있었다. 샤워를 하던 중 눈에 뭔가 들어간 것 같아 찝찝했던 짝꿍이 혹시 몰라 받아두었던 물이었다.

물을 쓸 때마다 꼬망에게 연락해야 하는 건 어떻게든 감수할 수 있었다. 하지만 애초에 쓸 수 없는 물이 나온다는 건 도저히 받아들일 수 없는 일이었다. 망설일 이유가 없었다. 우리는 곧바로 결정을 내렸다. 숙소 예약 사이트의 고객센터에 연락해 현재 겪고 있는 불편 사항을 전달했고, 다행히 하루가 채 지나지 않은 시점이라 하루치 숙박

비를 제외한 모든 금액을 환불받을 수 있었다.

체크아웃까지 남은 시간은 단 두 시간. 다음 목적지에 대한 계획은 전혀 없는 상태였다. 다시 우붓으로 갈까 고민했지만, 결국 시데멘 이후에 가기로 했던 사누르에서 연이어 머물기로 했다. 다른 지역을 고민할 시간적 여유가 없었고, 다행히 사누르에는 당일 예약이 가능한, 조건이 괜찮은 숙소가 있었기 때문이다. 갑작스럽게 발리 여행의 마지막 2주를 사누르에서 보내게 됐지만, 지금은 다른 옵션을 따질 여유가 없었다. 당장 편히 머물 수 있는 숙소를 구한 것만으로도 다행이라고 생각했다.

이제 몸만 움직이면 됐다. 하지만 한 가지 마음에 걸리는 것이 있었다. 바로 처음부터 끝까지 한결같이 친절했던 꼬망이었다. 자신이 직접 지은 집이라며 순수한 미소로 자랑하던 그의 얼굴이 떠올랐다. 직접 가꾼 정원을 자랑스럽게 소개하며 해맑게 웃던 그였다. 이번 일로 그의 마음이 상했을까 걱정됐지만, 그는 오히려 우리를 찾아와 미안하다고 말했다. 수도 문제로 불편을 겪게 해 정말 미안하다는 말을 재차 건네는 그에게, 나는 수도 문제만 아니었다면 정말 좋은 기억으로 남았을 텐데 아쉽다고 답했다. 물론 수도 문제 외에도 몇 가지 더 불편한 점은 있었지만, 떠나는 마당에 굳이 꺼낼 필요는 없었다. 수도가 문제지, 사람이 문제는 아니었으니까.

택시를 직접 잡을 수 없는 시골이었기에, 우리는 꼬망의 지인이 운영하는 택시를 타고 사누르로 향했다. 세겡이라는 마을에 도착한 지 단 18시간 만의 일이었다.

세겡에서 사누르까지는 두 시간이 걸렸다. 꾸따나 우붓보다는 비교적 한산했지만, 세겡에 비하면 사누르는 꽤 복잡한 마을이었다. 평소에는 현지인보다 관광객이 많은 마을을 그리 좋아하지 않지만, 택시 창밖으로 보이는 외국인 관광객들의 모습이 왠지 모르게 반가웠다.

사누르는 원래 한국으로 돌아가기 전, 마지막 일주일을 보내기로 했던 곳이다. 여행을 시작할 때 한 달 일정만 정해두고, 나머지 일주일은 일부러 비워뒀다. 한 달 동안 발리를 돌아다니며 가장 마음에 들었던 곳에 다시 머물지, 아니면 전혀 새로운 지역을 탐험할지 나중에 결정할 생각이었다. 비 때문에 아쉬움이 남았던 아메드로 갈지, 지난 여행에서 인상 깊었던 누사 렘봉안으로 갈지, 아니면 우리의 제2의 고향처럼 느껴지는 우붓으로 돌아갈지 고민하다가, 전혀 예상하지 않았던 사누르를 선택했다.

사누르는 꾸따와 우붓 사이를 오갈 때마다 늘 스쳐 지나가던 곳이었다. 이름은 익숙했지만, 어떤 분위기의 마을인지는 전혀 알지 못했다. "저는 사누르가 참 좋더라고요. 해변 따라서 아침마다 산책하는 게 그렇게 좋았어요." 사누르를 선택하게 된 건, 문득 떠오른 지인의 한마디 때문이었다. 위치도 괜찮았다. 공항까지 30분이면 도착할 수 있어 굳이 꾸따에 들르지 않고 바로 공항으로 향할 수 있는 거리였다. 그리고 이런 소박한 이유 외에도 결정적인 이유가 있었다. 바로 우리에게는 완전히 낯선, 미지의 지역이라는 점이었다.

사실 가장 마음이 끌렸던 곳은 우붓이었다. 하지만 우붓은 이제 너무도 익숙한 곳이었다. 지도가 없어도 여행할 수 있는 곳이었다. 반면, 사누르는 전혀 달랐다. 항구가 있다는 것 외엔 아는 게 하나도 없었다. 마지막 여행지로 사누르를 선택한 걸 후회하게 될지, 아니면 뜻밖의 행운이라 느끼게 될지 알 수 없었다. 하지만 적어도 한 가지는 분명했다. 익숙한 곳보다, 처음 마주하는 낯선 장소가 훨씬 더 마음을 두근거리게 만든다는 것이었다.

"여행의 본질은 모험이니까. 우리가 잘 아는 곳보다 모르는 곳으로 가자."

최종적으로 사누르를 선택하며 짝꿍이게 한 말이었다. 물론 세겡에 도착한 지 하루도 안 돼 떠나는 바람에 사누르에서 일주일을 더 머물게 될 줄은 전혀 예상하지 못했지만.

우리가 도착한 숙소는 복층 구조의 아파트먼트였다. 발리에서는 드물게 주방이 있었고, 냉장고와 가스레인지, 에어컨과 텔레비전까지 갖춰져 있었다. 물조차 제대로 나오지 않던 이전 숙소와는 비교도 할 수 없는 곳이었다. 오랜 오지 탐험 끝에 마침내 문명을 만난 기분이었다.

갑작스럽게 예약한 탓인지, 아니면 원래 그런 건지 모르겠지만 청소 상태는 엉망이었다. 매니저에게 추가 청소를 요청했지만, 별다른 변화는 없었고, 결국 우리가 나서서 대청소를 시작했다. 청소를 마치고 깨끗해진 방을 확인한 뒤, 근처 식당에서 한 끼에 3천 원도 하지 않는 짬뿌르를 먹고 잠깐 장을 봐 돌아오니 어느새 해가 저물고 있었다.

"지금 우리가 여기 있는 게 믿기지 않아. 계속 세겡에 있었다면 지금쯤 뭐 하고 있었을까?"

나의 물음에 짝꿍이 답했다.

"무서워서 숙소 안에만 있었겠지."

어젯밤, 불안감에 잠 못 이뤘을 짝꿍은 이 숙소가 마치 크리스마스 선물 같다며 기뻐했다. 그렇다. 오늘은 크리스마스 이브였다. 하루 만에 벌어진 온갖 문제로부터 도망치느라 내일이 크리스마스라는 사실도 까맣게 잊고 있었다.

세겡 숙소의 발코니에서 잊지 못할 우리의 여덟 번째 크리스마스를 보낼 생각이었는데, 계획에 없던 사누르에서 크리스마스를 보내게 될 줄이야. 여행은 삶과 같아서 계획대로 흘러가지 않는다는 사실을 알고 있지만, 알면서도 매번 당한다. 앞으로 사누르에서 2주를 보내야 한다니. 사누르는 어떤 곳일까. 이곳에선 뭘 해야 할까. 지금은 깊이 생각하지 않기로 했다. 오늘은 그저 마트에서 사 온 과자들, 때마침 공개된 〈오징어 게임 시즌 2〉, 마음을 한시름 놓은 짝꿍의 밝은 웃음과 함께 우리만의 소소한 크리스마스 이브를 보내기로 했다.

SANUR
다툼

  2017년, 우리가 처음 만난 계절인 가을에 우리는 시애틀로 여행을 떠났다. 나에게는 7년 만에 떠나는 제대로 된 해외여행이었고, 짝꿍에게는 생애 첫 해외여행이었다. 그 이후 매년 시애틀을 찾던 우리는 점점 여행의 세계를 넓혀갔다. 멕시코의 푸에르토 바야르타에 갔고, 프랑스의 파리, 안시, 샤모니, 지중해 남부, 보르도를 여행했다. 튀르키예도 두 번이나 찾았고, 한 번은 이스탄불에서만 한 달을 머물렀다. 가까운 일본은 세 번이나 갔고, 발리는 이번이 두 번째였다. 이런 나를 보며 친구들은 신기하다는 듯 묻는다.
  "어떻게 그렇게 여행을 길게 가? 그러다 싸우지는 않아?"

매번 같은 질문에 나는 매번 똑같이 대답한다.

"어떻게 안 싸울 수가 있어. 그래도 서로 맞춰가면서 여행하는 거지."

사람들은 '연애'라는 단어 속에 사랑만 존재한다고 믿는다. 여행에도 항상 즐거움만 존재한다고 생각한다. 하지만 막상 연인과 다툼이 벌어지거나 부정적인 상황에 놓였을 때, 이런 긍정적인 기대는 오히려 큰 실망과 좌절감을 안겨줄 뿐이다.

8년 전 가을에 만났던 우리는 많은 게 달랐다. 과거의 나는 누가 누구인지도 모를 정도로 다양한 사람들과 어울리는 걸 좋아했다. 매달 수십 명이 모이는 행사를 열었고, 매달 새로운 사람들과 끊임없이 인연을 맺었다. 고민이 생기면 혼자 떠안기보다 주변 사람들과 나누는 편이었고, 사소한 자극에는 무감각하다가도 내 마음을 크게 거스르는 일이 생기면 크게 한 번 터뜨려야 직성이 풀렸다.

짝꿍은 그 반대였다. 매일 사람을 만나는 나와 달리, 오래된 친구들과 조용히 맥주 한 잔 마시는 걸 좋아했다. 기분 나쁜 일이 생기면 입을 꾹 다문 채 혼자 고민을 삼켰다. 내가 쉽게 했을 선택을 여러 번 고민하고 결정하는 신중한 사람이었고, 내가 덜렁대느라 놓치는 사소한 부분을 신경 쓰는 꼼꼼한 성격이었다.

서로 부딪치지 않는 게 이상할 정도였다. 수십 년을 서로 다른 세계에서 살아온 우리가, 단지 연인이 되었다는 이유로 금방 같아질 수는 없는 일이지 않은가. 우리는 서로 다르다는 걸 알기에 조심했지만, 잠시 방심하는 사이 그 조심성을 잃고 다퉜다. 서로를 존중하기에 웬만하면 참았지만, 때론 도저히 참을 수 없는 순간이 오면 싸웠다.

지난 8년간의 연애를 한마디로 요약하자면, 서로의 다름을 좁히기 위해 부단히 노력하는 과정이라고 할 수 있다. 그것이 내가 생각하는 연애다. 전혀 다른 두 사람이 만나 서로의 다름을 이해하고 존중하며, 그 간격을 계속해서 좁혀가는 것. 그 과정은 쉽지 않고, 때로는 지치기도 하지만, 서로를 사랑하는 마음이 그 어려움을 뛰어넘기에 계속 노력하는 것이다.

37일간의 발리 여행이었다. 단 한 시간도 떨어져 있지 않고, 888시간을 꼬박 붙어 있어야 하는 여행이었다. 아무리 마음이 잘 맞는 친구와 함께한다고 해도, 자식이라면 뭐든 희생할 수 있는 부모님과 함께한다고 해도, 다투지 않고 여행을 마친다는 건 거의 불가능한 일이다. 말도 안 되는 이야기지만, 설령 나와 완벽히 같은 인격체와 여행을 떠난다고 하더라도 37일 동안 한 번도 다투지 않는 건 어려울 것이다. 그런데 8년을 함께한 짝꿍이라고 해서, 수많은 여행을 함께해 온 영혼의 친구라고 해서 다투지 않기를 기대하는 건 지나친 욕심 아닐까.

이번 발리 여행에서도 싸움을 피할 순 없었다. 여행 중에는 참 사소한 일들이 싸움의 불씨가 된다. 기나긴 이동 거리 때문에 체력이 떨어졌을 땐 아무 생각 없이 던진 말 한마디가 싸움의 원인이 되고, 잠을 제대로 못 자 예민해졌을 땐 서로 다른 의견이 충돌의 원인이 된다. '우리가 도대체 왜 이런 일로 싸우고 있지?' 싶은 생각이 들 정도로 사소한 일들이 싸움의 이유가 되곤 한다. 하지만 지나고 나면 깨닫는다. 우리가 다퉜던 건 어떤 특정한 사건 때문이 아니라, 당시의 내 상태 때문이었다는 걸. 지치고 예민해져서 평소 같았으면 아무렇지 않게 넘길 수 있었던 일을 내가 참지 못해서 벌어진 일이었다는 걸.

하필이면 12월 31일에 싸웠다. 처음으로 해외에서 새해를 맞이하는 순간을 앞두고 있었다. 냉전 중이었던 우리는 이대로 새해를 넘겨야 하는 위기에 놓여 있었다. 어떻게든 위기의 구렁텅이에서 기어 올라와 빠져나가고 싶었지만, 쉽게 출구를 찾을 수 없었다. 그러다 문득, 너무 아깝다는 생각이 들었다. 싸움의 원인보다, 서로의 복잡한 감정보다, 다시는 오지 않을 순간을 이런 식으로 흘려보내는 게 너무 아까웠다. 그래서 솔직하게 말했다. 지금 이렇게 보내는 시간이 너무 아깝다고. 원래 하려던 일을 했으면 좋겠다고.

상황과 전혀 어울리지 않는 뜬금없는 말이었다. '이 사람이 지금 무슨 말을 하는 거야?' 하는 표정을 짓던 짝꿍은 말없이 옷을 챙겨 입고 나갈 준비를 했다. 우린 말없이 숙소 근처 해변으로 걸었다. 새해를 맞이하는 폭죽을 터뜨리는 장소까지, 침묵의 걸음은 계속 이어졌다. 해변엔 사누르의 모든 주민이 다 모인 듯 북적였다. 우리 사이의

냉랭한 분위기와 상관없이, 해변은 희망과 기대와 환희로 가득 차 있었다. 정식으로 폭죽을 터뜨릴 시간이 되지도 않았는데, 주민들은 여기저기서 동시다발적으로 폭죽을 쏘아 올렸고, 밤하늘은 형형색색의 빛으로 물들었다. 우리는 사람들이 가장 많이 모여 있는 어느 지점에 앉아, 그들이 터뜨리는 작고 소소한 폭죽들을 가만히 바라보았다.

새해가 시작되기 10분 전, '저 폭죽은 꽤 비싸겠는데?' 싶은 커다란 폭죽이 터졌다. 서울의 불꽃축제와 비교하면 귀여운 수준이었지만, 동네 주민들이 쏘아 올리는 폭죽과는 확연히 달랐다. 커다란 폭죽은 일정한 리듬으로 요란한 소리를 내며 밤하늘을 밝혔다. 폭죽이 터질 때마다 사람들은 환호성을 질렀고, 시간이 흐를수록 불꽃과 함성은 점점 더 요란해졌다.

밤하늘을 화려하게 수놓는 폭죽을 보며, 그 아래에서 사랑하는 이들과 함께 기뻐하는 발리 사람들을 보며 생각했다.

'아무것도 아닌 일이었는데. 도대체 뭐가 그렇게 화가 났던 걸까.'

멍하니 하늘을 올려다보는 짝꿍의 손을 잡았다. 짝꿍은 내 손을 놓지 않았다.

"10, 9, 8, 7."

언제 그랬냐는 듯 화가 가라앉았다.

"6, 5, 4."

무슨 일 있었냐는 듯 마음이 사르르 녹아내렸다.

"3, 2, 1. Happy New Year!"

가슴이 뭉클했다. 처음으로 해외에서 맞이하는, 그토록 다시 오고 싶어 했던 발리에서 맞이하는 새해였다. 그리고 짝꿍은 여전히 내 곁에 있었다. 언제나 그랬듯, 우리는 서로의 다름을 좁히기 위해 노력하며 우리 사이를 잘 지키고 있었다.

집에 오는 길, 짝꿍이 말했다.

"하늘에서 터지는 불꽃을 보는데, 문득 이게 다 무슨 소용이냐 싶더라고."

나도 짝꿍과 같은 생각을 하고 있었다. 너무나도 달랐던 우리는, 8년이라는 시간 동안 우리도 모르는 사이에 서로를 조금씩 닮아가고 있었다.

SANUR
삶 속으로 더 깊숙이

 사누르는 작은 꾸따 같았다. 해변의 규모도, 중심가의 크기도, 관광객의 숫자도 꾸따의 딱 절반 정도였다. 거칠게 몰아치던 꾸따 해변과 달리, 사누르 해변은 호수처럼 잔잔했다. 해변에는 윈드서핑을 즐기는 서퍼들과 해수욕이나 태닝을 하러 온 관광객들로 적당히 붐볐다. 아쉽게도 꾸따 해변과 달리 모래가 단단하지 않아 해변 달리기를 할 수는 없었고, 그렇다고 아메드처럼 스노클링을 할 만한 바다도 아니었다. 잔잔한 바다를 감상하거나, 지루하게 수영을 반복하는 것 외엔 딱히 할 게 없었다.

 해변을 따라 이어지는 중심가도 규모가 작다 보니, 사흘 만에 거의 모든 곳을 둘러볼 수 있었다. 중심가에는 꾸따나 우붓에서 이미 본 듯한 식당과 카페들이 줄지어 있었고, 그 앞에는 외국인 관광객들이 길게 늘어서 있었다. 꾸따에 비하면 작고, 우붓과 비교하면 특색이 없었으며, 아메드와 비교하면 어중간했다. 사누르를 한마디로 표현하자면, 특색을 찾기 어려운 마을이었다.

우리가 이곳에 머물러야 하는 기간은 2주. 또다시 수도 문제가 터지지 않는 한, 숙소를 취소하고 다른 지역으로 이동할 수도 없었다. 일상에 활력을 불어넣기 위해 한국에서는 가지도 않던 피트니스 클럽에 등록해 매일 아침이나 저녁, 때로는 하루에 두 번을 출석하기도 했지만, 무언가 부족했다. 운동을 하러 발리에 온 건 아니지 않은가.

발리 여행의 마지막을 관광객이 붐비는 작은 해변 마을에서 운동만 하며 보낼 수는 없었다. 우리는 지도를 조금 더 넓게 펼쳐보기로 했다. 그리고 사누르 해변의 반대편, 관광객의 발길이 잘 닿지 않을 만한 곳으로 방향을 틀었다.

나에게는 'Scoopy'라는 이름의 귀여운 스쿠터가 있었다. 둘이 타기엔 약간 버거웠지만, 이 녀석과 함께라면 어디든 갈 수 있었다. 스쿠터의 핸들을 해변의 반대편으로 틀자, 전에는 보이지 않던 식당들이 눈에 들어왔다.

인도네시아 국수를 파는 '아키우 바리토(Bakmi Akiu Barito)'라는 식당엔 현지인들이 가득했다. 문을 열고 들어가자, 손님들은 물론 홀에 있던 직원들까지 우리를 신기한 눈으로 바라보았다.

'나는 못 하겠어. 네가 가.'

'아니야, 나도 자신 없어. 네가 가면 안 돼?'

정확히 들리지는 않았지만, 직원들은 언어가 통하지 않는 외국인을 상대로 응대할 사람을 정하느라 고민하는 듯했다. 뒤늦게 받은 메뉴판에는 수십 가지의 음식이 있었고, 가격은 중심가의 식당들에 비하면 절반이었다. 원화로 환산하면 고작 2천 원. 한국에서 한 끼 먹을 돈이면, 이곳에선 온종일 배를 채울 수 있었다. 깔끔한 닭 육수와 밀가루 반죽으로 만든 면, 닭고기 완자가 몇 개 들어간 국수는 특별하지는 않았지만, 꽤 괜찮았다. 인도네시아 사람들의 대표적인 주식인 박미(Bakmi)의 표준적인 맛이었다.

이곳 말고도 튀긴 달걀부침이 곁들여 나오는 짬뿌르를

파는 '다다 베레다(Dadar Beredar)', 국물이 있는 특이한 짬뿌르를 만드는 '와룽 크리슈나(Warung Krishna)', 그리고 비건 식당이지만 전혀 비건스럽지 않았던 '쿠드(Kood)'까지. 이 식당들 덕분에 하마터면 지루할 뻔했던 사누르에서의 시간이 흥미롭게 채워졌다.

2주 동안 사누르에서 도대체 뭘 했냐고 누가 물어본다면, "열심히 먹고 다녔어요."라는 말밖에 할 말이 없다. 예전에는 여행을 하면 유명한 관광 명소를 모두 들러야만 하는 줄 알았다. 다리는 매일 피곤했고, 발은 항상 부어 있었다. 누군가가 "마라톤이 힘들어요, 여행이 힘들어요?"라고 물으면, 나는 조금 과장해서 여행이라고 대답할 정도로 많이 걸었다. 지금도 남들보다는 많이 걷는 편이지만, 목적이 조금 달라졌다. 현지인의 삶에 조금이라도 더 가까이 다가가기 위해서라면 기꺼이 걸음을 아끼지 않는다. 특히 현지인들이 먹는 음식을 경험하기 위해서라면 2만 보는 거뜬히 걸을 수 있다.

"그런 게 나오면 참 좋을 텐데. 하루를 살아가는 데 필요한 모든 영양소가 들어 있는 알약 같은 거. 그런 알약만 먹으면서 살면 편하지 않을까?"

짝꿍과 막 만났을 때 내가 했던 말이다. 나중에 알게 된 사실이지만, 짝꿍은 이 말을 듣고 적잖이 충격을 받았다고 했다. 행복이 뭐냐고 묻자 해맑게 웃으며 "맛있는 거 먹는 게 행복이에요."라고 말했던 짝꿍에겐 충분히 충격적이었으리라. 어쩌면 이 사람과 헤어져야 하나, 속으로 고민했을지도 모르겠다. 다행히 영양소 캡슐 따위를 운운하던 나를 버리지 않기로 한 짝꿍 덕분에, 나는 점점 미식의 세계를 알게 됐다.

지나가는 식당에 무심코 들어가 10분 만에 식사를 끝냈던 과거의 나는, 시간이 흐를수록 짝꿍을 닮아갔다. 음식은 단지 씹고 소화하고 배출하는 영양소 덩어리가 아니라, 다양한 미각을 자극하는 즐거움의 매개체라는 걸 깨달았다. 덕분에 여행도 훨씬 더 풍성해졌다. 음식을 통해 현지인들의 삶을 관찰하고 그들의 문화를 느낄 수 있었다. 음식은 단순히 식재료의 조합이 아니었다. 그 나라의 문화이자, 그곳에 사는 사람들의 삶이었다. 지금 생각하면 너무나 당연한 이야기지만, 과거의 나는 그런 당연한 생각조차 하지 못할 만큼 음식에 무지한 사람이었다.

커피 역시 내 삶의 새로운 지평을 열어준 고마운 존재였다. 처음에는 그저 카페인을 공급하는 음료에 불과했다. 카페도 마찬가지였다. 마땅한 대화 장소가 없을 때 어쩔 수 없이 들르는, 그저 카페인을 판매하는 가게로 생각했다. 하지만 미각이 점점 발달한 나는, 어느새 커피의 맛을 구분하기 시작했다. 단순히 카페인을 제공하는 음료였던 커피가 어느 날은 열대 과일이 됐고, 어느 날은 고소한 견과류가 됐으며, 또 다른 날은 향긋한 허브가 됐다. 더 나아가 한 모금의 커피는 에티오피아의 문화가 됐고, 콜롬비아 농부들의 삶이 됐으며, 예멘의 아픔이 되기도 했다.

커피 덕분에 여행이 한층 다채로워졌다. 시애틀과 포틀랜드를 여행할 땐 커피를 주제로 지역을 옮겨 다녔고, 일본에 갈 땐 비슷한 듯 미묘하게 다른 카페들을 찾아다니느라 시간 가는 줄 몰랐다. 딱히 계획을 세우지 않아도, 그 지역을 대표하는 식당과 카페들을 찾아다니다 보면 자연스럽게 훌륭한 여행이 완성됐다.

발리도 마찬가지였다. 한국에서는 잘 알려지지 않았지

만, 인도네시아는 원두 생산국으로 유명하다. 국내에서도 인도네시아 원두를 경험해 보긴 했지만, 발리에 와서 깨달았다. 내가 경험했던 인도네시아 커피는 극히 일부분이었다는 걸.

사누르에도 훌륭한 카페들이 꽤 있었다. 숙소에서 30분 떨어진 앱스트랙트(Abstrakt) 카페는, 도대체 왜 이렇게 외진 곳에 숨어있는지 이해할 수 없을 정도로 뛰어난 커피를 제공했다. 직접 로스팅한 인도네시아 각 지역의 다양한 원두를 고를 수 있었는데, 대표적인 원두 생산지 수마트라는 물론이고, 발리의 킨타마니(Kintamani) 원두도 있었다. 앱스트랙트 카페에서 꾸따 쪽으로 20분을 더 달리면 나오는 'Joy by Cups' 카페도, 숙소에서 꾸따 방향으로 30분을 달려 만난 '20mL Coffee'도 한국의 웬만한 카페에 뒤지지 않는 수준 높은 스페셜티 카페였다. 카페를 찾아다니다 보니, 어느 날은 사누르에서 꾸따까지 스쿠터로 달리기도 했다. 작고 불안한 스쿠터에 짝꿍을 태우고 그 먼 거리를 달렸다니. 커피가 여행을 얼마나 역동적으로 만들 수 있는지를 보여주는 일화다.

먹고 마시면서 우리는 발리의 삶에 점점 가까워졌다. 더는 새로운 모험이 필요하지 않을 정도로 많은 음식을 맛봤고, 눈을 감고도 원두를 감별할 수 있을 정도로 많은 커피를 마셨다. 이렇게 많이 먹고 마셔도 여행 초반에 짝꿍이 배탈을 겪은 이후로는, 다행히 별다른 문제가 없었다. 장이 약해 여행할 때마다 문제를 겪었던 나였기에 기적에 가까운 일이었다. 입이 얼얼할 정도로 매운 음식을 먹어도, 두피의 모공이 활짝 열릴 만큼 자극적인 음식을 먹어도 괜찮았다. 이 정도면 내 장도 현지화된 게 아닐까 하는 생각에 자신감이 붙었다.

그러던 어느 날, 늦은 밤 마트에서 장을 보고 숙소로 돌아가던 길에 배가 고프지도 않은데 굳이 치킨집에 들렀다. 가게 이름은 'JFC'. 발리를 여행하며 자주 봤던 곳으로, 지나칠 때마다 'KFC도 아니고 JFC래.' 하며 실소를 터뜨리곤 했던 그곳이었다. 늦은 밤이었지만 식당엔 어린 아들을 데리고 온 아주머니, 오토바이에 뭔가 잔뜩 달고 온 아저씨, 친구와 늦은 야식을 먹으러 온 학생들까지 현지인들로 가득했다. 한밤중의 현지 프랜차이즈 식당. 이

보다 더 현지의 삶에 가까운 곳이 있을까 싶었다. 야밤에 그들과 함께 치킨집에 앉아 있으니, 왠지 사누르와 한층 더 가까워진 듯한 기분이었다.

메뉴는 네 가지였고, 우린 각 메뉴를 하나씩 다 주문했다. 치킨은 나쁘지 않았다. 아니, 굳이 KFC를 떠올리게 만드는 이름을 쓰지 않아도 될 만큼 훌륭했다. 문제는 치킨이 아니라 'MILO'라는 이름의 초코 음료였다. 우리는 보통 음료를 시키지 않는다. 목이 마르면 물을 마신다. 짝꿍의 배를 고생시켰던 원인이 얼음이 들어간 망고 음료였기에 더욱 조심했다.

그런데 왜 그랬을까. 나는 당당히 MILO를 주문했고, 빨대를 꽂아 시원하게 들이켰다. 다소 의문스러운 맛이긴 했지만, 개의치 않고 마셨다. 우리가 주문한 치킨도 다 먹고, 상태가 의심스러워 보이는 MILO도 거의 다 비웠지만, 나는 여전히 멀쩡했다. 역시, 여행을 자주 하다 보면 신체의 현지 적응 능력도 발달하는 걸까.

"으... 아..."

그날 새벽, 누군가 배를 쿡쿡 쑤시는 듯한 통증에 놀라 잠에서 깬 나는 곧장 화장실로 달려갔다. 그리고 모든 걸 토해냈다. 내가 이런 걸 먹은 적이 있었나 싶을 정도로 소화기관에 저장돼 있던 모든 음식이 입 밖으로 쏟아졌다. 모든 걸 게워 내고 식은땀을 흘리며 겨우 잠들었다가, 다시 깨어나 토하는 일을 반복했다. 고통은 다음 날까지 이어졌고, 결국 사누르에서의 하루는 온전히 화장실에 반납해야 했다. 장도 그리 강하지 않으면서 현지인들의 삶과 조금 더 가까워지고 싶다는 마음에 무리했으니, 탈이 나는 게 당연했다.

그래도 하루가 지나자 다시 음식이 들어갔다. 한국이었다면 이틀은 식음을 전폐했겠지만, 얼마 남지 않은 여행 동안 더 많은 음식을 경험하고 싶었다. 나는 또다시 먹고, 마셨다. 배가 부르면 피트니스 클럽에 갔고, 오후엔 카페에서 일을 하다가, 저녁이 오면 또 먹고, 마셨다. 여행이라고 하기엔 너무도 평범한 하루였다. 환경만 달라졌을 뿐, 평소에 지내던 일상과 크게 다르지 않은 하루를 반복했다. 예전의 나였다면 조바심이 났을 테지만, 이제는 이런 식의 여행에도 어느새 익숙해졌는지, 더 이상 무언가를 해야겠다는 강박에 사로잡히지 않았다. 그저 하루를 별 탈 없이 잘 보냈다는 사실만으로도 만족스러웠다.

 특별한 일 없는 잔잔하고 평범한 나날이 반복됐던 사누르에서의 2주는 눈 깜짝할 사이에 지나갔다. 이제 곧 돌아갈 시간이었다. 꾸따 해변에서 짝꿍을 찾느라 길 잃은 아이처럼 뛰어다니던 게 엊그제 같은데, 끝나지 않을 것만 같았던 발리 여행의 마지막은 어느새 내 앞에 성큼 와 있었다.

EPILOGUE
존재하는 것만으로도

 37일을 도둑맞은 기분이었다. 특별한 무언가를 한 것도 아니었지만, 시간은 믿기지 않을 정도로 빠르게 흘러갔다.

 시애틀에서 출발해 서부 해안 도로를 따라 캘리포니아까지 달렸던 여행은 특별했다. 파리의 에펠탑이 전부라고 믿었던 내 세계를 사방으로 넓혀준 프랑스 여행 또한 특별했다. 어릴 적 꿈이었던 열기구와 패러글라이딩을 경험했던 튀르키예 여행은 특별하다 못해 과분했다.

 그런 여행들에 비하면, 이번 발리 여행은 썩 특별하다고 말하기 힘들었다. 처음 맛보는 음식을 접한 것도 아니었고, 아주 새로운 경험을 한 것도 아니었다.

 한 달이 넘는 기간 동안 발리에서 뭘 했나 돌이켜보면,

그저 잘 먹고, 잘 마셨던 기억이 전부다. 과거의 여행들에 비하면 특별한 경험은 적었다. 그렇다고 해서 이번 여행이 별로였다는 말은 아니다. 그 어느 때보다 충만한 시간이었다. 특정한 경험 하나를 내세우긴 어렵지만, 한 발짝 물러서서 여행 전체를 바라보면 유난히 따뜻한 시간이었다.

지금까지 나는 늘 뭔가를 하며 살아왔다. 또래보다 고생을 자처하며 늘 바쁘게 시간을 보냈다. 운 좋게 들어간 직장을 스스로 걷어찬 뒤로, 내 삶은 더 이상 평범하게 흘러가지 않았다. 끊임없이 선택의 기로에 서야 했다.

당장 내일 일자리를 찾지 않으면 월세가 밀리는 상황에 부닥쳐 급히 새로운 일을 구해야 하는 상황이 반복됐다. 어렵사리 일자리를 구해 한 달 치 월급으로 배를 채우고 나면, 곧장 마음을 만족시키기 위해 또 다른 일을 벌였다. 졸업한 대학의 학사 운영실에서 아르바이트로 일하면서도 사람들과 고민을 나누는 작은 모임을 만들었고, 은행에서 경비원을 하면서도 또래 청년들의 고민을 나누는 단체를 운영했다.

하루를 반으로 쪼개 살았다. 반나절은 굶주린 배를 채우기 위한 삶을, 나머지 반나절은 갈증에 시달리는 마음을 위한 삶을 살았다. 그런 과정에서 수많은 사람을 만났고 다양한 경험을 쌓았다. 수천 명의 사람과 대화를 나눴고, 셀 수 없이 많은 경험으로 특별한 추억을 만들었다.

지금 당장은 버거워도 훗날 내가 쌓은 경험을 떠올리며 "참 특별한 삶을 살아왔구나." 하고 말할 수 있다면, 그것이 바로 행복한 삶이라고 믿었다. 어쩌면 그런 믿음 덕분에 견딜 수 있었던 건지도 모른다. 누군가가 보기엔 고생을 자처하는 삶이었겠지만, 나는 그 고통 속에서 내 삶의 의미를 찾아가고 있었다.

철석같이 믿고 있던 내 생각에 약간의 균열이 생기기 시작한 건 비교적 최근의 일이었다. 지금까지 나는 끊임없이 무언가를 '해야만' 한다고 생각하며 살아왔다. 새로운 사람을 만나고, 새로운 경험을 하기 위해 늘 고민했다. 한 가지 일을 너무 오래 붙잡고 있으면, 다시 말해 새로운 경험 없이 지내는 기간이 길어지면 왠지 불안했다. 지금 이렇게 사는 게 과연 맞는 걸까, 하는 생각이 들었고, 뭐라도 해야 한다는 조급함에 사로잡히곤 했다. 아무것도 할 수 없었던 코로나 시기의 공백이 내게 준 기회였을까. 문득 머릿속에 이런 질문이 떠올랐다.

'특별한 무언가를 하지 않아도,
그저 존재하는 것만으로도 괜찮지 않을까?'

작년, 이런 물음을 마음속에 품고 두 번째 튀르키예 여행을 준비했다. 원래는 전 여행에서 가지 못했던 튀르키예의 북부와 동부 지역을 탐험할 계획이었다. 그런데 이상하게 마음이 끌리지 않았다. 보통은 여행을 앞두고 새로운 지역과 풍경을 만날 생각에 마음이 풍선처럼 부풀기 마련인데, 이번엔 이상하게 그렇지 않았다.

그러다 문득 '이스탄불에서만 한 달을 지내보는 건 어떨까?' 하는 생각이 들었다. 한 장소에 오래 머무는 걸 힘들어하는 나였다. 비슷한 날들이 이어지는 걸 견디지 못하던 내가, 이스탄불에서만 한 달을 머물 생각을 하다니. 나로서도 신기한 일이었다. 기존의 계획을 뒤엎고 보다 정적인 여행을 해보자는 나의 뜬금없는 제안에 짝꿍은 마치 예전부터 기다렸다는 듯이 고개를 끄덕였다.

그렇게 떠난 이스탄불이었다. 한 달간 같은 숙소에 머물며 지냈다. 창밖의 앙상했던 플라타너스 나무엔 며칠 사이 어느새 앙증맞은 새싹이 돋아났고, 우리가 떠날 즈음엔 커다란 잎사귀가 무성히 피었다. 숙소를 자주 옮겼다면 보지 못했을 풍경이었다.

한 장소에 오래 머무르니 같은 식당을 자주 찾게 됐다. 가족이 운영하는 피데(Pide) 식당이었다. 언어는 통하지 않았지만, 번역기를 사이에 두고 대화를 나누는 시간이 늘어났다. 식당의 첫째 아들 하심은 다른 손님들 몰래 가격을 깎아주곤 했다. 한국으로 돌아가기 전날에도 우리는 그 식당을 찾았다. 하심은 우리의 귀국을 아쉬워하며, 다음에 다시 이스탄불에 오게 되면 꼭 연락하라고 했다. 그때는 어떻게든 시간을 내서 진짜 이스탄불의 모습을 보여주겠다며, 이곳을 찾는 수많은 관광객 중에서도 우리가 참 특별한 손님이었다며 고마운 인사를 건넸다. 만약 매번 새로운 지역만 옮겨 다녔다면 만나지 못했을, 참 고마운 인연이었다.

이 외에도 이스탄불에 한 달간 살아보며 마음 깊숙이 저장된 추억들이 많다. 매일 아침 달리며 마주했던 갈라타 다리의 조용한 풍경, 주말마다 열렸던 농산물 시장의 시끌벅적한 모습, 한 달간 거의 매일 탔던 이스탄불의 수상 버스, 다리의 근력을 기르겠다며 오르곤 했던 숙소 앞 기나긴 계단까지. 여전히 가슴속에 선명히 남아 있는 이 모든 풍경은, 여행지에서는 특별한 무언가를 해야만 한다는 강박에 사로잡혀 있던 예전의 나였다면 마주하지 못했을 소중한 순간들이었다.

한 달간의 이스탄불 생활에서 특별히 대단한 일은 없었다. 그저 소소한 만남과 대화, 소소한 일상이 이어졌을 뿐이었다. 그런데 시간이 흐른 뒤에야 깨달았다. 그 소소함이 차곡차곡 쌓여 결국 소중함이 되었다는 걸. 오래도록 마음에 남을 추억이 되었다는 걸.

이번 발리 여행도 마찬가지였다. 특별한 사건이나 대단한 모험은 없었다. 매일 쏟아지는 비를 보며 숙소 테라스에서 짝꿍과 이야기를 나누고, 비가 그치면 우리가 좋아하는 식당에서 배를 채운 뒤, 카페에 들러 여유로운 오후 시간을 보냈다. 이전 여행들과는 다른, 소소한 날들의 반복이었다. 하지만 시간이 흐르고 나서 이번 발리 여행을 돌아보니, 소소했던 날들은 어느새 소중한 추억으로 바뀌어 있었다.

이해하기 어려운 인문 고전을 읽으며 답이 나오지 않는 토론을 하는 게 의미 있다고 여겨지던 시절이 있었다. 원하는 결과를 얻지 못하더라도 과정이 소중한 거라며 타인의 선택을 독려하던 시절이 있었다. 사용 가치가 아닌 존재 가치에 대해 이야기하던 시절이 있었다.

언제부터였을까. 꿈을 말하던 사람들은 돈을 말하기 시작했고, 돈을 말하던 사람들은 자기 계발을 강조했다. 자기계발은 스스로를 다잡기 위한 수단을 넘어, 타인의 삶을 함부로 재단하는 가위가 돼버렸다. 생산적이지 않은 일은 무가치한 일로 여겨졌고, 눈에 보이지 않는 과정보다 선명하게 드러나는 결과가 중요해졌다. 그런 사회 분위기 속에서 '하지 않음'은 곧 무능력이 됐다. 끊임없이 무언가를 하지 않으면 금세 도태될 거라는 압박이 따라붙었다.

어쩌면 나도 그런 분위기에 휩쓸려 여기까지 온 건지도 모른다. 그러다 조금 지쳤던 걸까. 이번엔 애써 모험하지 않고 일상에 스며드는 여행을 해보고 싶었다. 끊임없이 새로운 걸 선택하는 여행이 아니라 오히려 '하지 않는' 여행을 해보고 싶었다. 그래서 자연스레 발리에 마음이 갔던 건지도 모른다.

37일 동안 발리를 여행했다. 아니, 발리에 살았다. 소소한 일상에 따뜻한 추억을 차곡차곡 쌓았다. 그날의 온기는 시간이 흐른 지금도 마음 한편을 데우고 있다. 나는 조용히 다짐한다. 곧 다시 발리로 떠나겠다고. 다음에도 발리에 그저 머물겠다고. 꾸따 해변을 맨발로 달리고, 우붓의 가족들과 뜨거운 포옹을 나누고, 한적한 아메드에 들러 바다를 감상하다 가끔은 스노클링을 하겠다고.

다음엔 더 적극적으로 아무것도 하지 않으며 발리에 머무를 수 있길. 느슨한 시간 속에서, 나라는 존재를 조금 더 깊이 느낄 수 있길.

그저 존재하는 것만으로도

초판 1쇄 발행 2025년 8월 1일

지은이 강주원
펴낸이 강주원

펴낸곳 비로소
전자우편 biroso_publisher@naver.com
등록번호 2019년 9월 10일(제2019-000030호)

ISBN 979-11-984044-2-8 03810